Jürgen Erbacher

Vatikan

Wissen was stimmt

W0233406

HERDER

FREIBURG · BASEL · WIEN

Originalausgabe

© Verlag Herder GmbH, Freiburg im Breisgau 2008
Alle Rechte vorbehalten
www.herder.de

Umschlagkonzeption und -gestaltung:
R·M·E München/Roland Eschlbeck, Liana Tuchel
Umschlagmotiv © Toni Anzenberger

Herstellung: fgb · freiburger graphische betriebe
www.fgb.de

Gedruckt auf umweltfreundlichem, chlorfrei gebleichtem Papier
Printed in Germany

ISBN: 978-3-451-05985-8

Inhalt

Einleitung

Der Vatikan fasziniert seit Jahrhunderten die Menschen. Nur wenig dringt durch die dicken Mauern nach außen, was ihn für viele nur noch geheimnisvoller macht. Seitdem ein Deutscher Papst geworden ist, ist das Interesse noch gewachsen. Im prunkvollen Renaissance-Palast residiert Benedikt XVI., das Oberhaupt von 1,1 Milliarden Katholiken. Er führt die Geschicke des ältesten Global Players. Obwohl er nur das Oberhaupt des kleinsten Staats der Welt ist, übt er weltweit Einfluss aus. Manche sehen in ihm einen der mächtigsten Männer – und das ganz ohne Divisionen. Dafür steht ihm ein Verwaltungsapparat zur Verfügung: die römische Kurie.

Wie die Zentrale der katholischen Kirche und der Zwergstaat Vatikan konkret funktionieren, ist für Außenstehende nur schwer zu begreifen. Die Arbeit findet hinter verschlossenen Türen statt, die Kardinäle und Prälaten sind verschwiegen. Ein Verhalten, das oft zu wilden Spekulationen führt und Nährboden für abenteuerliche Gerüchte ist. Das vorliegende Buch schaut hinter die Kulissen des Vatikans, räumt mit falschen Vorstellungen auf und vermittelt einen Einblick in den Alltag der Kurie und des Papstes. Wer hat das Sagen im Vatikan? Gehört der Papst zu den reichsten Männern der Welt? Kann er machen, was er will? Ist die Schweizergarde nur eine bunte Folkloretruppe oder ein modernes Sicherheitskorps?

Der älteste Global Player

2000 Jahre ist die Kirche alt. Die Geschichte ist ein wichtiger Schlüssel, um das Geheimnis Vatikan zu verstehen. Daher steht am Anfang ein kurzer Überblick über die Entwicklung des Papstamts und der weltlichen Herrschaft des Kirchenoberhaupts. Im zweiten Teil werden aus verschiedenen Perspektiven die Organisation des Vatikanstaats und der Kurie beleuchtet sowie die Menschen, die dort arbeiten. Beim Papst laufen alle Fäden zusammen. Er ist das irdische Oberhaupt der katholischen Kirche und der Souverän des Vatikanstaats. Wie er seine Entscheidungen trifft, wie sein Alltag aussieht und wie er überhaupt ins Amt kommt, darum geht es im dritten Teil. Abschließend werden einige Spezialfragen erläutert. Neben der Rolle des Heiligen Stuhls in der Ökumene geht es um die politischen Ambitionen des Papstes und die Frage, ob das Geheimarchiv des Vatikans wirklich geheim ist.

Die Geschichte

»Petrus war der erste Papst«

Die Entwicklung des Papstamts

Benedikt XVI. ist der 264. Nachfolger des Apostels Petrus. Er ist aber streng genommen nicht der 265. Papst. Das Papstamt, wie es heute existiert, ist das Ergebnis eines jahrhundertelang andauernden Entwicklungsprozesses. Dieser ist noch nicht abgeschlossen. Benedikt XVI. hat mit Blick auf die Ökumene dazu aufgerufen, sich Gedanken darüber zu machen, wie das Papstamt so ausgeübt werden kann, dass es kein Hindernis mehr für die Einheit der christlichen Kirchen ist.

In vielen Büchern über das Papsttum gibt es eine Liste der Päpste – angefangen von Petrus bis zum amtierenden Pontifex Benedikt XVI. Entsprechend finden die Besucher der römischen Basilika Sankt Paul vor den Mauern in den Seitenschiffen Mosaikmedaillons mit Abbildungen der 264 Nachfolger des Apostels. Allerdings müssen diese Listen mit Vorsicht betrachtet werden, zumindest was die Zeit bis zur Mitte des 2. Jahrhun-

Anfänge des Papstamts

derts anbetrifft. Denn die früheste bekannte Bi-
schofsliste für Rom erstellte Irenäus von Lyon gegen Ende des 2. Jahrhunderts.

Die frühe Kirche Die Gemeinde in Rom hat wie alle frühchrist-
lichen Gemeinden bis zur Mitte des 2. Jahrhun-
derts eine kollegiale Leitung. Es gibt eine
Gemeindeversammlung, der verschiedene Personen vorstehen können. Das muss nicht immer
ein Bischof (episkopos) sein, auch Presbyter und
Diakone übernehmen die Leitung. Erst langsam
entwickelt sich die Gemeindeleitung hin zu einer
monepiskopalen Struktur, also zur Leitung durch
einen Bischof. Das hat verschiedene Gründe.
Zum einen gibt es bereits in der kollegialen
Struktur oft einen Sprecher, dessen Funktion
sich verfestigt. Zum anderen wird durch
verschiedene Fehlentwicklungen
(z. B. Montanismus) in der Lehre
ein Amt in der Gemeinde notwendig, das den Glauben authen-
tisch auslegt. Dies wird durch
den Bischof in besonderer Weise
gewährleistet, da bereits in der
Alten Kirche die Meinung vor-
herrscht, dass der Bischof in der Nachfolge der
Apostel, in der so genannten »apostolischen Suk-
zession«, steht und damit besondere Autorität
besitzt.

**Montanismus:
altkirchliche Bewegung
im 2. Jahrhundert, die
glaubte, Offenbarungen
des Heiligen Geistes zu
empfangen**

**Communio-
Charakter** Was das Verhältnis der Gemeinden untereinander
betrifft, so ist die frühe Kirche dezentral verfasst.
Es stehen gleichberechtigte und selbständige Ortskirchen nebeneinander. Größere Probleme wer-

den auf regionalen Synoden besprochen und zu lösen versucht. Die Bischöfe tragen gemeinsam die Verantwortung für die gesamte Kirche. Man spricht auch vom Communio-Charakter der Gesamtkirche. Rom ist folglich eine Bischofsstadt unter vielen gewesen. Eine Vorrangstellung vor allen anderen entwickelt sich erst langsam.

Bis zur Mitte des 2. Jahrhunderts heben sich vor allem diejenigen Bischofssitze gegenüber den anderen ab, die sich auf einen Apostel zurückführen. Jerusalem, Alexandria, Antiochien und Rom bekommen so eine gewisse Sonderstellung. In wichtigen Fragen suchen Bischöfe den Rat dieser Gemeinden, die durch ihre apostolische Gründung im Ruf stehen, die Tradition in besonderer Weise zu wahren. Bei dieser Profilierung der Apostelkirchen kommt Rom eine besondere Stellung zu, denn es ist die einzige Apostelkirche im Westen, während es im Osten drei, später mit Konstantinopel sogar vier gibt. Rom beruft sich zudem auf zwei Apostel. Der Überlieferung nach waren sowohl Petrus als auch Paulus dort. Sie sind zwar nicht die Gemeindegründer; aber ihre Anwesenheit wird nach und nach als Grund für die besondere Autorität des römischen Bischofsstuhls angegeben. Die Missionierung Nordafrikas, Galliens und anderer europäischer Gebiete geht von Rom aus. Die neu entstehenden Ortskirchen haben in der Gemeinde der alten Reichshauptstadt ihren Bezugspunkt. In Rom selbst entsteht nach der Verlagerung der Reichshauptstadt nach Konstantinopel 330 ein Machtvakuum, das der römische Bischof ausfüllt.

Sonderstellung Roms

Parallel dazu entwickelt sich bis zum 5. Jahrhundert, bis zur Amtszeit Leo des Großen (440–461), eine theologische Begründung der Vorrangstellung des Bischofs von Rom. Christus selbst habe Petrus zum Ersten unter den Aposteln gemacht, daher auch der Titel des Apostelfürsten. Diese herausragende Position lebe nun im Bischof von Rom als Nachfolger des Petrus fort. Es gelingt dem römischen Bischof allerdings nicht, seine Primatsansprüche, die Ende des 4. Jahrhunderts voll ausgebildet sind, auch gegenüber den Gemeinden im Osten durchzusetzen. Selbst im Westen braucht es noch Jahrhunderte, bis die Theorie des päpstlichen Primats sich in der Praxis durchsetzen konnte.

> **Grundlage für die Deutung Petrus' als ersten Apostel ist eine Stelle im Matthäusevangelium. Dort sagt Jesus zu Petrus: »Du bist Petrus, und auf diesen Felsen werde ich meine Kirche bauen, und die Mächte der Unterwelt werden sie nicht überwältigen. Ich werde dir die Schlüssel des Himmelreichs geben; was du auf Erden binden wirst, das wird auch im Himmel gebunden sein, und was du auf Erden lösen wirst, das wird auch im Himmel gelöst sein.« (Mt 16,18 f)**

In der zweiten Hälfte des 4. Jahrhunderts taucht zum ersten Mal der Begriff »Papst« (griech. πάππας; lat. papa: Vater) als Bezeichnung für den Bischof von Rom auf. Der Titel wird ursprünglich im griechischen Bereich für Äbte und Bischöfe verwendet. Seit dem 5. Jahrhundert tragen ihn im Westen nur noch der Bischof von

Rom, im Osten die Patriarchen. Mit Gregor dem Großen (590–604) wird er als ausschließliche Amtsbezeichnung für den Bischof von Rom festgeschrieben. Nur die koptische Kirche behält den Titel Papst für ihr Oberhaupt bei. Sie hatte sich bereits nach dem Konzil von Chalkedon 451 wegen theologischer Differenzen von der lateinischen Kirche getrennt. Im 11. Jahrhundert kommt die Bezeichnung »Papsttum« für die Institution auf.

Perugino: Christus übergibt Petrus den Schlüssel zum Himmelreich (1482)

Im Mittelalter gerät das Papstamt in unruhiges Fahrwasser. Römische Adelshäuser streiten sich um die Besetzung der Cathedra Petri. Könige und Kaiser versuchen, Einfluss zu nehmen auf die Kirche. Der Investiturstreit im 11. Jahrhundert und die Bulle »Unam Sanctam«, mit der Bonifaz VIII. 1302 die päpstliche Universalherrschaft auch in weltlichen Angelegenhei-

Das Papstamt im Mittelalter

Investiturstreit: Streit zwischen weltlichen und geistlichen Machthabern um die Einsetzung von Priestern

ten durchzusetzen suchte, gehören ebenso in diese Zeit wie das Exil von Avignon und das darauf folgende Abendländische Schisma. Von 1309 bis 1377 residieren die Päpste in der südfranzösischen Stadt Avignon. Dort stehen sie unter dem Einfluss des französischen Königs. Nach dem Tod Gregor XI. 1378, der auf Drängen der heiligen Katharina von Siena wieder nach Rom zurückgekehrt war, kommt es zum Streit in der Kurie. Französische Kardinäle erkennen die Wahl Urbans VI. nicht an und wählen in Avignon den Gegenpapst Clemens VII. Erst auf dem Konzil von Konstanz 1417 kann der Streit beigelegt werden.

Reformation und Aufklärung

Der Beginn der Neuzeit ist für das Papsttum mit einem neuen schmerzlichen Konflikt verbunden. Mit der Reformation verliert die katholische Kirche ab Ende 1517 einen großen Teil ihres Einflusses in Nord-, Mittel- und Osteuropa. In der Gegenreformation gelingt es der römischen Kirche, ihre Hierarchie zu stärken, den Machtverlust kann das aber nicht ausgleichen. Zumal mit der Aufklärung im 17. und 18. Jahrhundert der Einfluss des Papsttums auch in katholischen Ländern immer mehr zurückgeht. Als dann auch noch der Kirchenstaat zunehmend schrumpft und mit dem Einmarsch italienischer Truppen in Rom 1870 ganz von der Weltkarte verschwindet, scheint das Papsttum am Ende, ohne jede politische Bedeutung. Doch unter dem Eindruck der schwindenden äußeren Macht erfährt es eine innerkirchliche Stärkung. Diese gipfelt 1870 in der Formulierung des Jurisdiktionsprimats und der Unfehlbarkeit des Papstes auf dem I. Vatikanischen Konzil.

Mit den Lateranverträgen und der Gründung des Vatikanstaats 1929 wird die Unabhängigkeit des Papstes auch physisch wieder sichtbar. Schnell gewinnt er erneut an politischer Macht, die sich aber nicht auf Divisionen, sondern auf die moralische Autorität gründet. Das II. Vatikanische Konzil bestätigt die herausragende Stellung des Papstes als oberstem Lehrer und Hirte der Kirche, bindet sie aber ein in das Kollegium der Bischöfe, die zusammen mit dem Papst die gleiche außerordentliche Macht der Unfehlbarkeit und des Primats besitzen.

Gleich acht Titel vereint der Papst auf sich. Er ist Bischof von Rom, Stellvertreter Jesu Christi, Nachfolger des Apostelfürsten und oberster Bischof (Pontifex) der Universalkirche. Er ist Primas Italiens, Erzbischof und Metropolit der römischen Kirchenprovinz und Souverän des Staats der Vatikanstadt. Schließlich ist er Diener der Diener Gottes, ein Titel, der auf Gregor den Großen zurückgeht und in vielen päpstlichen Dokumenten verwendet wird.

Papst Benedikt XVI. hat zur Überraschung vieler im Jahr 2006 den Titel »Patriarch des Abendlandes« abgelegt, den der Bischof von Rom traditionell seit dem 7. Jahrhundert trug. Offiziell wurde der Schritt als ökumenische Geste bezeichnet; doch gerade die orthodoxen Kirchen kritisierten den Vorgang, der vor allem zwei Gründe hatte. Zum einen trägt er der Entwicklung der katholischen Kirche Rechnung, die nicht mehr nur im traditionellen Abendland verbreitet ist, sondern heute vor allem außerhalb seiner Grenzen stark wächst. Zum anderen möchte Benedikt XVI. damit den universalkirchlichen Anspruch seines Amts betonen. Er strebt die Anerkennung des Papstamts durch die anderen christlichen Kirchen an. Nachdem der Papst den Titel »Patriarch des Abendlandes« abgelegt hat, wurden auch die vier »Patriarchalbasiliken« in Rom offiziell in »Papstbasiliken« umbenannt: San Giovanni in Laterano, Sankt Peter, Sankt Paul vor den Mauern und Santa Maria Maggiore.

»Der Vatikan ist der älteste Staat der Welt«

Die Geschichte des Vatikanstaats

Den Vatikanstaat, wie er heute existiert, gibt es erst seit 1929. Er wird zwar im Volksmund als Kirchenstaat bezeichnet; doch handelt es sich dabei streng genommen um das Territorium Mittelitaliens und Südfrankreichs, das mit wechselnder Ausdehnung von der Mitte des 8. Jahrhunderts bis ins 19. Jahrhundert die Päpste zu weltlichen Herrschern machte. Mit der Einnahme Roms durch die italienischen Truppen 1870 endet der Kirchenstaat. Die Lateranverträge von 1929 begründen ein neues völkerrechtliches Subjekt: den Staat der Vatikanstadt.

Entstehung des Vatikans

Vatikan ist der Name eines Hügels (mons vaticanus) auf dem rechten Tiberufer in Rom. Seit dem 2. Jahrhundert wird dort das Grab des Petrus verehrt. Er soll im Zirkus, den Kaiser Nero am Abhang des Hügels hatte errichten lassen, um das Jahr 67 den Märtyrertod erlitten haben. Kaiser Konstantin baute über der Stelle eine Basilika, die im 16. Jahrhundert durch den heutigen Petersdom ersetzt wurde. Als im Mittelalter immer mehr Gläubige zum Petrusgrab pilgerten, entstanden um Alt-Sankt Peter eine große Zahl von Kirchen und Pilgerhospizen. Leo IV. (847–853) ließ um den als »Borgo« bezeichneten Bereich eine Stadtmauer bauen, um sie vor den Sarazenen zu schützen. Der Borgo wird seitdem auch »Città Leonina« genannt.

Julius II.
(1503–1513)

Die Päpste wohnten aber nicht hier, sondern im Palast bei der Lateranbasilika, die bis heute die eigentliche Bischofskirche des Bischofs von Rom ist. Bei Alt-Sankt Peter entstanden im 10. Jahrhundert erste Repräsentationsgebäude für die Päpste. Sie wurden in der Folgezeit immer weiter ausgebaut. Ende des 12. Jahrhunderts wohnte Innozenz III. (1198–1216) als erster Papst längere Zeit im Vatikan, da der Lateranpalast nicht mehr sicher war. Nach der Rückkehr aus dem Exil von Avignon und dem Abendländischen Schisma verlegten die Päpste Mitte des 15. Jahrhunderts ihre Residenz dauerhaft in den Vatikan. In ihrem Gefolge zogen auch große Teile der Kurie mit um. Es setzte eine rege Bautätigkeit ein, da die Räumlichkeiten zu klein und nicht repräsentativ genug waren. 1506 begann unter Papst Julius II. der Bau von Neu-Sankt Peter. Mit dem Aufstellen antiker Kunstwerke wie der Apollo-Statue und der Laokoon-Gruppe begründete er die päpstliche Kunstsammlung, die im 18. Jahrhundert offiziell zu den Vatikanischen Museen wird.

»Patrimonium Petri«

Parallel dazu verliefen Aufstieg und Niedergang des Kirchenstaats. Nach der Legalisierung des Christentums mit dem Mailänder Edikt 313 durch Kaiser Konstantin wurde die Kirche durch Schenkungen des Kaisers und des Adels zu einem der größten Grundbesitzer der italienischen Halbinsel. Dieses seit dem 6. Jahrhundert »Patrimonium Petri« genannte Land (im Umland von Rom, in Süditalien, Südgallien, auf Sizilien, Sardinien, Korsika u. a.) war der Grundstock für den Kirchenstaat. Der wurde im 8. Jahrhundert durch Karl den Großen begründet. Nach seiner Kaiserkrönung unterstellte er den größten Teil der Ländereien des Patrimonium Petri der Herrschaft der Päpste. Es begann die wechselvolle Geschichte des Kirchenstaats, der im Kampf um Einfluss von Königen, Kaisern und römischem Adel viele Höhen und Tiefen durchlebte, bis schließlich Napoleon 1809 die Aufhebung der Schenkung Karls des Großen verkündete und den Kirchenstaat dem Königreich Italien eingliederte. Zwar stellte ihn der Wiener Kongress 1815 wieder als eigenständigen Staat her; doch mit dem Einmarsch der italienischen Truppen in Rom am 20. September 1870 war das endgültige Ende des Kirchenstaats besiegelt. Der Papst war im Vatikan »gefangen«.

Lateranverträge

Über ein halbes Jahrhundert blieb die so genannte »römische Frage« ungelöst. Zwar hatte der neu gegründete italienische Staat dem Papst in einem Garantiegesetz 1871 das kleine Territorium zugestanden, das weitgehend mit dem heutigen Vatikanstaat identisch ist, doch eine völkerrechtlich anerkannte Vereinbarung gab es nicht. 1919 schließlich begannen offizielle Verhandlungen zwischen Italien und dem Heiligen Stuhl, die mit der Unterzeichnung der Lateranverträge am 11. Februar 1929 erfolgreich abgeschlossen wur-

den. Sie bestanden aus drei Teilen: dem Staatsvertrag, mit dem der Staat der Vatikanstadt als
völkerrechtlich unabhängiges Subjekt begründet
wurde, dem Konkordat, das die Beziehungen zwischen Staat und Kirche in Italien regelte, und einem Finanzabkommen, demzufolge Italien dem
Heiligen Stuhl als Entschädigung 750 Millionen
Lire in bar und eine Milliarde Lire in Staatstiteln
zahlte. Unterzeichner auf italienischer Seite war
Benito Mussolini.

**Das Gebiet des
Vatikanstaats**

Der Vatikanstaat umfasst in etwa das Gelände,
das von der Leoninischen Mauer umgrenzt wird.
Der Petersplatz gehört ebenfalls dazu. Die Grenze
bildet die Verbindungslinie zwischen den beiden
Enden der Kolonnaden. Neben dem rund
0,44 Hektar umfassenden Gelände auf dem Vati-
kanhügel zählen noch zahlreiche exterritoriale
Gebiete zum Vatikanstaat. Ihre Fläche ist größer
als die Vatikanstadt und in den letzten Jahrzehnten ständig gewachsen. Zu diesen gehören unter
anderem die drei Papstbasiliken: San Giovanni in
Laterano, Santa Maria Maggiore und Sankt Paul
vor den Mauern sowie der Palazzo della Cancelleria, in dem die Gerichte des Heiligen Stuhls
untergebracht sind, der Palazzo San Callisto im
Stadtteil Trastevere, der ebenfalls eine Reihe von
Kurienbehörden beherbergt, und große Teile des
Gianicolo-Hügels mit dem Generalat des Jesui-
tenordens und der Päpstlichen (Missions-)Uni-
versität Urbaniana. Das größte exterritoriale Gelände ist die päpstliche Sommerresidenz in
Castel Gandolfo mit 0,55 Hektar.

Interessanterweise steht auch der Palazzo der Glaubenskongregation nicht auf ureigenem Gelände des Vatikanstaats, sondern auf exterritorialem Gebiet. Das gilt auch für den Campo Santo Teutonico, die älteste deutsche Nationalstiftung in Rom (gegründet um 1450). Der Gebäudekomplex mit dem angrenzenden Friedhof im Schatten des Petersdoms ist Sitz der Erzbruderschaft zur schmerzhaften Muttergottes der Deutschen und Flamen sowie Sitz eines Priesterkollegs und des Römischen Instituts der Görres-Gesellschaft.

Ein Gebäude, das laut Anhang der Lateranverträge ebenfalls zum exterritorialen Gebiet gehört, existiert heute nicht mehr: der Palazzo dei Convertendi an der Piazza Scossacavalli. Er lag dort, wo heute die breite Via della Conciliazione von der Engelsburg zum Petersplatz führt. Bis 1936 gab es hier eine enge Bebauung bis wenige Meter vor den Petersplatz. Doch Mussolini wünschte eine »der größten Kirche der Christenheit würdige« Zufahrt. Ganze Straßenzüge mussten der Prachtstraße weichen. 600000 Kubikmeter Gebäude wurden abgerissen. Mussolini selbst machte den ersten Spatenstich. Zum Heiligen Jahr 1950 wurde die Straße fertig. Entlang der Via della Conciliazione und der Piazza Pio XII. sind im Laufe der Zeit eine Reihe weiterer exterritorialer Gebäude dazugekommen. Sie beherbergen Büros der Kurie und am unteren Ende, direkt gegenüber der Engelsburg, das Funkhaus von Radio Vatikan. Der Name »Straße der Versöhnung« erinnert an die Versöhnung Italiens mit dem Heiligen Stuhl durch die Lateranverträge.

Ansicht
Petersdom

Die Organisation

»Der Vatikan und der Heilige Stuhl sind dasselbe«

Die Organisation des Vatikanstaats

Im allgemeinen Sprachgebrauch werden die Begriffe Vatikan oder Vatikanstadt bzw. Vatikanstaat einerseits und Heiliger Stuhl andererseits oft synonym verwendet. Doch es sind zwei unterschiedliche Größen. Vereint sind sie in ihrem jeweiligen Oberhaupt, das ein und dasselbe ist: der Papst.

Der Heilige Stuhl – auch Apostolischer Stuhl genannt – ist das Leitungsorgan der katholischen Weltkirche. Es umfasst den Papst als obersten Leiter und die verschiedenen Kurienbehörden, die das Kirchenoberhaupt in der Ausübung seiner Leitungsaufgabe unterstützen. Der Heilige Stuhl, in der Person des Papstes, ist ein souveränes, nichtstaatliches Völkerrechtssubjekt. Der Grund dafür ist, dass nach dem Ende des Kirchenstaats im 19. Jahrhundert der Heilige Stuhl den Status eines Völkerrechtssubjekts nicht verlieren sollte. Der Vatikan hingegen ist ein unabhängiger Staat mit eigenem Staatsgebiet und eigener Staatsgewalt. Er

Die Basis des Papstes

entstand durch die Lateranverträge. Nach vatikanischer Darstellung dient er dazu, die »Freiheit des Apostolischen Stuhls zu verbürgen« und damit die »tatsächliche und sichtbare Unabhängigkeit des Papstes in der Ausübung seiner Weltmission zu gewährleisten«. Er ist damit die physische und territoriale Basis für den Heiligen Stuhl. Streng genommen ist auch der Staat der Vatikanstadt, so die offizielle Bezeichnung, ein Völkerrechtssubjekt. Doch wenn der Papst Botschafter in alle Welt entsendet und internationale Beziehungen pflegt, macht er dies nicht als Souverän des Vatikanstaats, sondern als Oberhaupt der Weltkirche.

Das Governatorat Während die Kurie dem Papst hilft, sein Amt als oberster Hirte der katholischen Kirche auszuüben, stehen ihm für den Vatikanstaat das Governatorat und die Päpstliche Kommission für den Staat der Vatikanstadt zur Verfügung. Der Vatikanstaat ist die letzte absolute Monarchie in Europa mit dem Papst als Staatsoberhaupt, der die volle legislative, exekutive und gerichtliche Gewalt ausübt. Dem Governatorat unterstehen die Vatikanischen Museen, die Vatikanische Sternwarte, die Päpstlichen Villen in Castel Gandolfo und die infrastrukturellen Dienste des Vatikanstaats wie etwa der Gesundheitsdienst, Telekommunikation, Post, Fuhrpark etc.

Staatsbürgerschaft Obwohl der Vatikanstaat mit 0,44 Hektar der kleinste Staat der Welt ist, besitzt er aufgrund der Lateranverträge von 1929 alle Rechte eines souveränen Staates. Dazu gehört auch eine eigene Gerichtsbarkeit. Über Recht und Ordnung im

Staate des Papstes wacht die Gendarmerie, die als Staats-, Verkehrs- und Finanzpolizei agiert. Die Einwohnerzahl liegt bei rund 800. Nur ein kleiner Teil von ihnen sind auch vatikanische Staatsbürger, denn die Kriterien für die Verleihung der Staatsbürgerschaft sind streng: Nur im Vatikan und der Stadt Rom residierende Kardinäle sowie Personen, die in der Vatikanstadt von Berufs wegen leben, können sie beantragen. Darüber hinaus kann der Papst verfügen, einzelnen Personen die vatikanische Staatsbürgerschaft zuzuerkennen. Sie wird in der Regel nicht auf Lebenszeit verliehen, sondern für die Dauer einer bestimmten Aufgabe. Zum 14. Dezember 2007 hatten 550 Personen die vatikanische Staatsbürgerschaft: Papst Benedikt XVI., 56 Kardinäle, 298 Priester und Ordensleute, die in den Päpstlichen Nuntiaturen in aller Welt arbeiteten, 62 weitere Priester und Ordensleute sowie 92 Mitglieder der Schweizergarde und 41 weitere Laien.

> Vatikanbürger können für ihre Fahrzeuge vatikanische Kennzeichen CV (Città del Vaticano) beantragen. Die Dienstfahrzeuge des Vatikans haben das Kennzeichen SCV – Stato della Città del Vaticano. Das Auto, in dem der Papst fährt, hat in der Regel das Kennzeichen SCV 1. Das Länderkennzeichen ist V. Im Volksmund hält sich hartnäckig eine ganz eigene Erklärung für das Kürzel SCV – VCS: »Se Christo vedesse – vi cacciarebbe subito«: »Wenn Christus das sehen würde, würde er euch sofort verjagen.«

**Wappen des
Heiligen Stuhls**

Die Flagge des Vatikanstaats und des Heiligen Stuhls besteht aus zwei vertikalen Feldern; wobei das an der Fahnenstange liegende gelb ist, das andere weiß. Auf dem weißen Feld ist das Wappen des Heiligen Stuhls abgebildet: die Tiara, darunter zwei gekreuzte Schüssel, die am Kreuzungspunkt durch eine rote Kordel gehalten werden. Für die Schlüssel gibt es verschiedene Deutungen. Zum einen steht der goldene für das Himmelreich, der silberne für das irdische Reich; andere Auslegungen sehen im goldenen Schlüssel die Bindegewalt des Papstes symbolisiert, im silbernen die Lösegewalt nach den Worten Jesu an Petrus: »Was du auf Erden binden wirst, wird auch im Himmel gebunden sein, und was du auf Erden lösen wirst, wird auch im Himmel gelöst sein« (Mt 16,19). Die Schlüsselbärte sind kreuzförmig ausgesägt und bringen dadurch zum Ausdruck, dass

**Wappen des
Vatikanstaats**

der Papst seine Vollmachten durch den Kreuzestod Christi besitzt. Die dreistufige Tiara, eine Art priesterliche und herrscherliche Krone, symbolisiert die dreifache Gewalt der päpstlichen Autorität: Gemäß dem Pontificale Romano von 1596 wurde der Papst ausgezeichnet als »Vater der Fürsten und der Könige, Rektor der Welt, Stellvertreter Christi auf Erden«. Es gibt einen kleinen Unterschied, je nachdem, ob das Wappen von einer Institution des Vatikanstaats verwendet wird oder von einer des Heiligen Stuhls: Beim Vatikanstaat hängen die beiden Kordeln aus den Schlüsselköpfen nach unten und sind mit einer Quaste versehen. Beim Wappen des Heiligen Stuhls sind die beiden Schlüsselköpfe mit der Kordel verbunden; die Enden hängen hintereinander vom Kreuzungspunkt der Schlüssel senkrecht herunter. Das Wappen des Vatikans darf nicht verwechselt werden mit dem persönlichen Wappen des Papstes.

Die Hymne des Vatikans wurde von Charles Gounod 1869 zum 50. Priesterjubiläum Papst Pius IX. komponiert. Allerdings ist sie erst seit 1949 offizielle Nationalhymne. Zum 15. Jahrestag der Wahl Papst Johannes Paul II. erhielt sie 1993 einen neuen lateinischen Text: »Glückliches Rom, edles Rom, du bist Sitz des Petrus, der in dieser Stadt sein Blut vergossen und dem die Schlüssel des Himmelreiches übergeben wurden.«

Hymne des Vatikans

Bekannt in aller Welt ist die Vatikanpost. Die Ausgabe von Briefmarken gehört zu den wichtigsten Einnahmequellen des Vatikanstaats. Sie sind begehrte Sammlerstücke. Am 1. Januar 1852 kam die erste Serie päpstlicher Briefmarken heraus. Nach dem Ende des Kirchenstaats im September 1870 wurden sie für ungültig erklärt. Die Lateranverträge ermöglichten es dem Vatikanstaat, wieder eigene Postdienste zu unterhalten. Bereits wenige Monate nach der Unterzeichnung wurde der Vatikan in den Weltpostverein (U.P.U.) aufgenommen – einer der wenigen Fälle, in denen der Vatikanstaat und nicht der Heilige Stuhl Mitglied

Vatikanpost

einer internationalen Organisation ist. Als erste Briefmarkenserie des Vatikanstaats erschien am 1. August 1929 die »Serie der Versöhnung«. Seitdem gibt der Vatikan jährlich mehrere Serien heraus, darunter auch Sonderserien zu den Pontifikaten und Sedisvakanzen. Das »Amt für Philatelie und Numismatik« versorgt Sammler in aller Welt mit den meist sehr kunstvoll gestalteten Marken. Für Touristen und Pilger gibt es auf beiden Seiten des Petersplatzes jeweils ein Postamt, in denen sich oft lange Schlangen bilden. Denn noch immer gilt die Vatikanpost im Vergleich zur italienischen Post als zuverlässiger und schneller. Innerhalb des Vatikans wird die Post übrigens ohne Briefmarken verschickt: Einen Brief an den Papst kann man unfrankiert in einen der gelben Briefkästen der Vatikanpost werfen. Den Pontifex selbst wird er zwar nicht erreichen, sicher aber auf dem Schreibtisch eines seiner Mitarbeiter landen.

Münzwesen Begehrter noch als die Briefmarken sind die Euro-Münzen des Vatikans. Ein Vertrag mit dem italienischen Staat erlaubt dem Vatikan, jährlich **2-Euro-Münze** Euro-Münzen im Nominalwert von 670 000 Euro herauszugeben. Im Falle einer Sedisvakanz, eines Heiligen Jahres und der Eröffnung eines Ökumenischen Konzils können noch einmal Münzen im Wert von 201 000 Euro dazukommen. Der Vatikan entscheidet frei, in welchem Umfang er den festgelegten Rahmen pro Jahr ausschöpft und wie er die nationale Seite der Euro-Münzen

gestaltet. So wurden etwa 2002 von jeder der acht Münzen zwischen einem Eurocent und zwei Euro 80 000 Stück im Wert von 310 400 Euro für den normalen Geldverkehr ausgegeben. Dazu kamen wie jedes Jahr noch Sonderprägungen und Gedenkmünzen. Sammler können sie auch auf dem Postweg direkt vom »Amt für Philatelie und Numismatik« beziehen. Auf der nationalen Seite aller Vatikan-Euro ist jeweils der amtierende Papst abgebildet.

Für die Mitarbeiter des Vatikans und des Heiligen Stuhls sowie für die Mitglieder des beim Heiligen Stuhl akkreditierten diplomatischen Korps ist der Vatikan ein kleines Einkaufsparadies. Es gibt keine Mehrwertsteuer. Vor den vier vatikanischen Tankstellen bilden sich daher stets lange Schlangen. Der Supermarkt Annona, gleich in der Nähe der Porta Sant'Anna, ist für gutes Fleisch und frischen Fisch bekannt. Wer Glück hat, bekommt auch »Päpstliches Olivenöl« vom Bauernhof auf dem Gelände der päpstlichen Sommerresidenz Castel Gandolfo. Im kleinen Kaufhaus im Bahnhofsgebäude sind die Regale voll günstiger Markenprodukte von Armani, Gucci, Burberry u. a. Im Angebot sind auch Zigaretten und Zigarren, dazu Hochprozentiges, alles ohne Tabak- und Alkoholsteuer. Im Herbst 2007 eröffnete ein Bekleidungsgeschäft für Priester und Ordensleute. In den Genuss des steuerfreien Einkaufs kommen auch die Niederlassungen der Ordensgemeinschaften in Rom. Weniger restriktiv ist der Zugang zur Vatikanischen Apotheke. Hier dürfen auch Römer ihre

Einkaufsparadies Vatikan

Rezepte einlösen. Das ist vor allem deshalb interessant, weil es hier auch Medikamente gibt, die in Italien nicht zugelassen sind. Wer ein entsprechendes Rezept eines Arztes besitzt, erhält von den Schweizergardisten und den Gendarmen Einlass in den kleinen Vatikanstaat.

Medizinische Versorgung

Die Apotheke ist Teil des Gesundheitswesens des kleinsten Staats der Welt. Für die Mitarbeiter und ihre Angehörigen gibt es die vatikanische Krankenversicherung. In einem Palazzo neben dem Supermarkt halten vatikanische Zahnärzte, Chirurgen und Allgemeinmediziner ihre Sprechstunden. Römische Spezialisten aller Fachrichtungen stehen über eine Kooperationsvereinbarung ebenfalls zur Verfügung. Ein Krankenhaus besitzt der Vatikan nicht, allerdings zwei Ambulanzwagen, die im Notfall Kranke und Verletzte ins nahe gelegene Krankenhaus Santo Spirito bringen, oder im Falle des Papstes zur Gemelli-Klinik. Dort ist im 10. Stock des Hauptgebäudes ein Flur ständig für einen Aufenthalt des Papstes reserviert. Neben dem eigentlichen Krankenzimmer wurden dort eine Kapelle, eine kleine Küche sowie Zimmer für die engsten Mitarbeiter des Kirchenoberhaupts eingerichtet. Papst Johannes Paul II. musste in seiner 27-jährigen Amtszeit zehn Mal die Gemelli-Klinik aufsuchen.

Verkehrswesen

Über einen eigenen Bahnhof ist der Vatikan mit dem Netz der italienischen Staatsbahn verbunden. Das schwere Bronzetor, das die italienischen von den vatikanischen Gleisen trennt, öffnet sich aber nur wenige Male im Jahr, denn der Vatikan wickelt den Güterverkehr größtenteils über die Straße ab. Personenzüge kommen ebenfalls äußerst selten im vatikanischen Bahnhof an. Zuletzt ist Papst Johannes Paul II. mit Vertretern anderer christlicher Kirchen und Religionen im Januar 2002 von hier aus mit dem Zug nach Assisi zum Friedensgebet gefahren. Regelmäßiger wird da der Hubschrauberlandeplatz des Vatikans genutzt. Wenn der Papst in seine Sommerresidenz nach Castel Gandolfo fliegt oder zu inneritalienischen Reisen aufbricht, nutzt er einen Hubschrauber der staatlichen italienischen Flugbereitschaft. Der landet und startet auf dem Helioporto in den Vatikanischen Gärten. Dieser Weg steht auch den zahlreichen Staatsgästen offen. Sie ziehen aber in der Regel die Anreise mit dem Auto vor.

Der Vatikanstaat ist – zumindest theoretisch – nicht nur zu Lande und in der Luft aktiv. Zwar fehlt ein direkter Zugang zum Meer; trotzdem ist dem Vatikan gemäß der Erklärung von Barcelona aus dem Jahr 1921 die Hochseeschifffahrt mit eigenen Schiffen unter der päpstlichen Flagge gestattet. Allerdings macht der Vatikan derzeit keinen Gebrauch von diesem Recht, das etwa für humanitäre Einsätze hilfreich sein könnte.

»Der Heilige Stuhl ist ein Verwaltungsmoloch«

Die Organisation der Kurie

Verwaltung

Damit der Papst sein Amt als Oberhaupt der katholischen Kirche ausüben kann, steht ihm ein umfangreicher Verwaltungsapparat zur Verfügung: die Kurie. Sie besteht aus einer Vielzahl unterschiedlicher Behörden, die nach Fachgebieten oder Personenkreisen gegliedert sind: das Staatssekretariat, neun Kongregationen, elf Päpstliche Räte, drei Gerichte und fünf weitere Einrichtungen. Diese 29 Behörden, die auch Dikasterien genannt werden, bilden die Kurie im engen Sinn. Dazu kommen Päpstliche Akademien, Päpstliche Kommissionen, die vatikanischen Medien (Radio Vatikan, die Vatikanzeitung »L'Osservatore Romano«, Vatikanisches Fernsehzentrum, Vatikanverlag), das Vatikanische Geheimarchiv, die Vatikanische Bibliothek oder das Apostolische Almosenamt. Zum 31.12.2006 hatte die Kurie 2704 Mitarbeiter: 773 Priester, 331 Ordensleute und 1600 Laien. Gemessen daran, dass es sich um die Zentrale einer Gemeinschaft von weltweit über 1,1 Milliarden Katholiken handelt, ist der Verwaltungsapparat relativ klein. Johannes Paul II. hat die letzte große Kurienreform durchgeführt und mit der Apostolischen Konstitution »Pastor bonus« von 1988 sowie dem Generalreglement der Kurie von 1992 die Aufgaben und Arbeitsweisen der einzelnen Kurienbehörden neu geregelt und festgeschrieben.

Die Schaltzentrale der Kurie ist das Staatssekretariat. Es nimmt innerhalb der verschiedenen Dikasterien eine koordinierende und kontrollierende Funktion ein. An seiner Spitze steht der Kardinalstaatssekretär, der zweithöchste Mann in der katholischen Kirche. Das Staatssekretariat besteht aus zwei Sektionen. Die Abteilung für »Allgemeine Angelegenheiten« arbeitet wie eine Staatskanzlei: Sie unterstützt den Papst in seinen alltäglichen Aufgaben; hier werden die päpstlichen Dokumente vorbereitet und übersetzt. Diese erste Sektion hält die Kontakte zu den Nuntiaturen in aller Welt und beaufsichtigt die vatikanischen Medien. Sie ist offizieller Ansprechpartner für die beim Heiligen Stuhl akkreditierten ausländischen Botschafter. In verschiedenen Sprachabteilungen werden die Vorgänge der jeweiligen Länder bearbeitet. Die Sektion wird von einem Erzbischof, dem Substitut, geleitet, der auch als Innenminister bezeichnet wird.

Als Pendant gibt es den Leiter der zweiten Sektion »für die Beziehungen zu den Staaten«, den Außenminister. Die zweite Sektion ist zuständig für die diplomatischen Beziehungen des Heiligen Stuhls zu den Staaten, den Abschluss von Konkordaten und ähnlicher Abkommen sowie die Vertretung des Heiligen Stuhls bei internationalen Organisationen und Konferenzen. Werden Bischöfe in Ländern ernannt, in denen Konkordate gelten, so muss die Abteilung konsultiert werden. Das Staatssekretariat ist mit rund 150 Mitarbeitern die größte Behörde des Heiligen Stuhls. Es organisiert regelmäßig Treffen mit

Schaltzentrale Staatssekretariat

Vertretern aller Dikasterien. Dadurch soll die Arbeit der einzelnen Behörden besser aufeinander abgestimmt werden. Dies ist nicht immer einfach, da es mitunter Kompetenzgerangel gibt.

Die Kongregationen blicken zum großen Teil auf eine jahrhundertelange Tradition zurück. Die wohl bekannteste Behörde, die Glaubenskongregation, wurde 1542 gegründet. Bis zur Umbenennung durch Paul VI. 1965 lautete der Name »Heiliges Offizium«. Bekannt ist sie vielen durch die spektakulären Verurteilungen von Giordano Bruno und Galileo Galilei im 17. Jahrhundert. Ihre Aufgabe ist es, die Glaubens- und Sittenlehre der katholischen Kirche zu schützen und zu fördern. Sie beobachtet die theologische Forschung und prüft, ob sie mit den Grundsätzen des katholischen Glaubens vereinbar ist. Die »Abteilung für die Disziplin« untersucht Vergehen gegen den Glauben, die Moral oder bei der Feier von Sakramenten. Hier handelt die Kongregation einem Gerichtshof vergleichbar. Die Sektion bearbeitet auch alle Pädophiliefälle, in denen der Verdacht besteht, dass Priester darin verwickelt sind. Gemäß den Richtlinien, die der Vatikan im Januar 2001 nach dem Aufkommen der Missbrauchsfälle in den USA erlassen hat, gilt: »Wenn ein Bischof oder Hierarch auch nur vage Kenntnis von einer derartigen Straftat hat, muss er sie nach abgeschlossener Voruntersuchung an die Glaubenskongregation weitermelden.« In der »Abteilung für Ehefragen« beschäftigt sich das Dikasterium unter anderem mit der Auflösung religionsverschiedener Ehen, bei denen ein Partner katholisch ist.

Auch wenn prinzipiell alle Kongregationen der Römischen Kurie gleichrangig sind, kommt der Glaubenskongregation doch eine Sonderstellung zu. Sie prüft Dokumente anderer Dikasterien vor der Veröffentlichung, soweit sie Glaubens- und Sittenfragen betreffen. Dadurch soll erreicht werden, dass die Lehraussagen der Kirche einheitlich ausfallen und es keine divergierenden oder gar gegensätzlichen Positionen gibt. Zu diesem Zweck sind der Glaubenskongregation auch die Internationale Theologenkommission sowie die Bibelkommission zugeordnet.

Bekannt ist auch die Bischofskongregation. Sie bereitet die Ernennung neuer Bischöfe vor, sofern sie nicht in den Zuständigkeitsbereich der Kongregation für die Evangelisierung der Völker und der Ostkirchenkongregation fallen. Das Dikasterium lässt auch Visitationen durchführen, wenn in einem Bistum bestimmte Vorfälle dies nahelegen. Die Bischofskongregation organisiert zudem die ad-Limina-Besuche: Alle fünf Jahre müssen Bischöfe zu Gesprächen mit dem Papst und seinen Mitarbeitern in den Vatikan kommen; vorab schicken sie einen umfangreichen Bericht über die Situation in ihren Bistümern an die Bischofskongregation, die sie auf die anderen vatikanischen Behörden verteilt.

**Bischofs-
kongregation**

Die Kongregation für die Evangelisierung der Völker leitet und koordiniert die kirchlichen An-

**Weitere
Kongregationen**

gelegenheiten in den traditionell als Missionsgebiete der Kirche bezeichneten Regionen Asien, Afrika und Lateinamerika. Hier ist sie auch für die Errichtung von kirchlichen Strukturen und Bischofsernennungen zuständig. Die Kongregation für den Gottesdienst und die Sakramentenordnung kümmert sich um alle Fragen, die die Regelung und Förderung der Liturgie und der Sakramente betreffen. Sie überwacht die Übersetzung der offiziellen liturgischen Bücher in die Landessprachen und geht der Frage nach, ob und wie die verschiedenen Formen der Volksfrömmigkeit mit den liturgischen und kirchenrechtlichen Normen vereinbar sind.

Heiligsprechungskongregation

Die Heiligsprechungskongregation unterstützt Diözesen und Orden bei Selig- und Heiligsprechungsverfahren. Sie prüft nach Abschluss der lokalen Prozesse die Vorgänge und schlägt dem Papst dann vor, die entsprechenden Kandidaten selig oder heilig zu sprechen. Ist der Kandidat kein Märtyrer, so ist für die Seligsprechung ein Wunder nachzuweisen. Die Kongregation greift dafür auf externe Fachleute römischer, nichtkirchlicher Universitäten zurück. Diese müssen zu dem Ergebnis kommen, dass mit den zum Zeitpunkt der Prüfung bekannten wissenschaftlichen Erkenntnissen der untersuchte Vorgang nicht erklärbar ist.

Papst Benedikt XVI. ist zu der alten Tradition zurückgekehrt, dass Seligsprechungen in der jeweiligen Ortskirche von einem

> päpstlichen Legaten vorgenommen werden.
> Dadurch kommt besser zum Ausdruck, dass
> ein Seliger als Vorbild in einer konkreten
> Ortskirche oder einem Orden verehrt wer-
> den darf, ein Heiliger hingegen als Vorbild
> für die ganze Kirche gilt. Die Zeremonie der
> Heiligsprechung leitet daher der Papst
> selbst.

Päpstliche Räte

Im Anschluss an das II. Vatikanische Konzil (1962–1965) sind zusätzlich zu den Kongregationen noch elf Päpstliche Räte eingerichtet worden. Zum Teil sind sie aus Kommissionen hervorgegangen, die zur Vorbereitung des Konzils oder während dieser bedeutendsten Kirchenversammlung der Neuzeit entstanden waren. Im deutschen Sprachraum ist vor allem der Päpstliche Rat zur Förderung der Einheit der Christen bekannt. Er pflegt die Beziehungen zu den anderen christlichen Kirchen und kirchlichen Gemeinschaften. Dem Rat ist die Kommission für die theologischen Beziehungen zum Judentum angegliedert, während die diplomatischen Beziehungen zum Staat Israel in den Bereich des Staatssekretariats fallen. Durch die Organisation der internationalen Weltjugendtage (2005 in Köln, 2008 in Sydney) ist in den vergangenen Jahren auch der Laienrat stärker ins Bewusstsein getreten. Er ist für die katholischen Laienorganisationen zuständig sowie für die neuen geistlichen Bewegungen wie etwa die Fokolare, Sant' Egidio, Communione e Liberazione oder den Neokatechumenalen Weg.

Im Laienrat ist das Sportbüro des Heiligen Stuhls angesiedelt, das sich Fragen der Ethik im Sport widmet, aber auch den vatikanischen Clericus-Cup mitorganisiert, ein Fußballturnier mit Mannschaften aus Priesterseminaren, Ordensgemeinschaften und vatikanischen Behörden.

Kulturrat Mit dem Päpstlichen Rat für die Kultur sucht der Heilige Stuhl den Kontakt zu den Nichtglaubenden und den Kulturschaffenden. Zu Beginn der Amtszeit von Papst Benedikt XVI. gab es Bestrebungen, den Kulturrat mit dem Päpstlichen Rat für den interreligiösen Dialog zu vereinigen. Der Dialog der Religionen sollte nicht mehr als ein rein theologischer Diskurs, sondern mehr in Form eines Dialogs der Kulturen geführt werden. Deshalb wurde im März 2006 dem Kulturminister auch die Leitung des bis dahin selbständigen Rats für den interreligiösen Dialog anvertraut. Nicht zuletzt die Ereignisse im Nachgang zur Regensburger Rede des Papstes im September 2006 machten den Verantwortlichen im Vatikan deutlich, dass der Dialograt als eigene Behörde bestehen bleiben muss. Im Sommer 2007 ernannte Benedikt XVI. den erfahrenen Diplomaten und ehemaligen vatikanischen Außenminister Kardinal Jean Louis Tauran zum neuen Dialogminister. Zwar ist durch die Regensburger Rede der Dialog mit dem Islam in den Vordergrund gerückt; doch pflegt der Rat auch die Kontakte zu den anderen Religionen wie etwa Buddhismus und Hinduismus.

Der Päpstliche Rat »Cor unum« ist das päpstliche Caritas- und Entwicklungshilfeministerium. Er arbeitet mit den nationalen und internationalen kirchlichen Hilfswerken zusammen wie etwa Caritas internationalis, den Catholic Relief Services in den USA oder den deutschen katholischen Hilfswerken Misereor, Missio oder Adveniat. Der Rat »Justitia et Pax« versucht in Zusammenarbeit mit den Bischofskonferenzen und den Vertretungen des Heiligen Stuhls, bei internationalen Organisationen der christlichen Soziallehre in den politischen Handlungsfeldern Geltung zu verschaffen. Der Rat hat dazu eigens im Herbst 2005 einen Sozialkatechismus veröffentlicht: das »Kompendium der Soziallehre der Kirche«. Mit medizinethischen Fragen beschäftigt sich der Päpstliche Rat für die Seelsorge im Gesundheitsdienst.

Weitere Räte

> **Aufsehen erregte der Rat für die Seelsorge im Gesundheitsdienst im Herbst 2006, als bekannt wurde, dass Papst Benedikt XVI. eine Studie zum Thema Kondome in Auftrag gegeben hatte. Der Rat sollte prüfen, ob die Nutzung eines Kondoms erlaubt sein könnte, wenn bei einem Ehepaar ein Partner mit einem ansteckenden Erreger infiziert ist wie etwa HIV. Das Ergebnis der Studie liegt seit Herbst 2006 zur Bewertung bei der Glaubenskongregation.**

Der Rat für die Seelsorge an Menschen unterwegs bearbeitet ein weites Feld, das von der Migranten- bis zur Tourismus- und Zirkusseelsorge reicht. Die Funktion eines Justizministeriums übt der Rat für die Interpretation der Gesetzestexte aus. Er legt das Kirchenrecht aus, das im kirchlichen Rechtsbuch Codex Iuris Canonici (CIC) von 1983 grundgelegt ist. Der Rat prüft, ob rechtliche Normen, die von einem Dikasterium der Kurie oder einer untergeordneten Instanz, etwa einer Diözese, erlassen wurden, mit dem CIC übereinstimmen. Medienethik und kirchliche Medienarbeit fällt in die Kompetenz des Päpstlichen Rats für die sozialen Kommunikationsmittel. Der Medienrat unterhält ein Filmarchiv mit einem Bestand von über 7000 Filmen. Es sind meist historische Filme über Päpste und die katholische Kirche. Der älteste ist von 1896 über Papst Leo XIII. Für Privataufführungen für den Papst hat der Medienrat einen eigenen Kinosaal mit rund fünfzig Sitzplätzen im Vatikan eingerichtet.

Organisation der Leitung Die Kongregationen werden von Kardinalpräfekten geleitet, die Päpstlichen Räte von Präsidenten, die meist ebenfalls Kardinäle, zumindest aber Erzbischöfe sind. Die Leiter werden unterstützt vom Sekretär und einem Untersekretär. Die einzelnen Dikasterien haben in der Regel zwischen dreißig und fünfzig Mitarbeiter, meistens Priester aus der ganzen Welt, aber auch immer mehr Laien. Sie haben eine Art Referentenfunktion. Die eigentlichen Entscheidungen werden vom Leiter des Dikasteriums in Absprache mit den Mitgliedern gefällt. Die Mitglieder sind von den Mitarbeitern zu unterscheiden. In Anlehnung an die alte Tradition der Kardinals-

Kongregationen sind bei jedem Dikasterium eine bestimmte Anzahl – meist zwischen 15 und dreißig – von Kardinälen und Ortsbischöfen aus aller Welt Mitglieder. Sie werden vom Papst für die Dauer von fünf Jahren berufen. Je nach Dikasterium finden die Treffen der Mitglieder wöchentlich wie in der Glaubenskongregation, monatlich wie bei der Bischofskongregation oder in noch größeren Abständen statt. Jede Kongregation und jeder Rat hat darüber hinaus Konsultoren. Das sind Fachleute, die im Falle der Glaubenskongregation meist an den römischen Hochschulen lehren, im Falle vieler anderer Dikasterien auch aus anderen Städten und Ländern kommen können.

Die päpstliche Gerichtsbarkeit hat eine lange Tradition. Seit der frühen Kirche wandten sich Bischöfe, später auch Menschen aus dem profanen Bereich an den Bischof von Rom, wenn es in einer Streitsache nicht zur Einigung kam. Heute gehören zur Kurie drei Gerichtshöfe. Der bekannteste und älteste ist die Rota Romana, deren Anfänge bis ins 12. Jahrhundert zurückreichen. Sie ist in erster Linie ein Berufungsgericht. In einigen Bereichen hat die Römische Rota aber auch eine ordentliche Kompetenz in erster Instanz (z. B. in Streitsachen über Bischöfe oder höhere Äbte). Außerdem ist das Gericht für alle Fälle zuständig, die der Papst an es verwiesen hat. Den größten Teil der Arbeit machen die Ehenichtigkeitsverfahren aus. Diese landen meist in zweiter oder dritter Instanz bei der Rota Romana. Handelt es sich bei den Betroffenen um Staatsober-

Gerichtsbarkeit

häupter und Angehörige ihrer Familien, dann ist die Rota Romana auch in erster Instanz zuständig. Dadurch soll einer Befangenheit des diözesanen Gerichts, das sonst in erster Instanz zuständig ist, vorgebeugt werden.

> **Dies war zum Beispiel bei Prinzessin Caroline von Monaco der Fall. Der Prozess dauerte übrigens zehn Jahre; ihr Urteil gaben in diesem Fall nicht wie üblich drei, sondern fünf Richter ab. Nach Kirchenrecht und katholischer Tradition kann eine Ehe nicht geschieden werden. Das Ehegericht kann also nur untersuchen, ob die Ehe überhaupt gültig geschlossen wurde. Ist dies nicht der Fall, wird die Nichtigkeit der Ehe festgestellt; sie kam also nie zustande.**

Apostolische Signatur

Sollte gegen einen Richterspruch der Rota Romana vom Unterlegenen Einspruch erhoben werden, landet das Verfahren beim zweiten Gerichtshof der Kurie, der Apostolischen Signatur. Sie ist der höchste Gerichtshof der Kirche und damit oberste Berufungsinstanz – vom Papst abgesehen, der jederzeit ein Urteil sprechen bzw. aufheben kann, denn er ist der oberste Souverän der katholischen Kirche. Die Apostolische Signatur ist für die Gerichtsbarkeit in der ganzen Kirche zuständig. Entsprechend ihren Aufgaben und Kompetenzen gliedert sie sich in drei Sektionen. Die erste übt die Funktion eines Kassationshofs in gerichtlichen Angelegenheiten aus – etwa bei Rekursen, Nichtigkeitsklagen oder Entscheidungen in Kompetenzkonflikten. Die zweite Abteilung agiert als eine Art Verwaltungsgerichtshof, wenn es um Berufungen gegen Verwaltungsakte von Dikasterien der Römischen Kurie geht oder um Kompetenzstreitigkeiten zwischen den römischen Dikasterien. Die dritte Sektion kümmert sich um eher administrative Aufgaben und kann mit einem Justizministerium verglichen werden. Die Mitarbeiter wachen etwa über die geordnete Amtsführung im Gerichtsbereich.

Die Apostolische Pönitentiarie ist der dritte Gerichtshof der Kurie. Sie wird gemeinhin auch als der oberste Gnadenhof der katholischen Kirche bezeichnet. Die Zuständigkeit erstreckt sich auf das, was das Forum internum betrifft, also auf Gewissensfragen sowie die Ablässe. Für das Forum internum, sei es sakramental im Zusammenhang mit dem Bußsakrament oder nicht sakramental, gewährt sie Absolutionen, Dispense (z. B. von geheimen Ehehindernissen) und andere Gnadenerweise wie etwa den Nachlass von Sündenstrafen oder die Umwandlung von Verpflichtungen etwa aus Gelübden. Die Apostolische Pönitentiarie sorgt dafür, dass in den Papstbasiliken in Rom eine genügende Anzahl von Beichtvätern vorhanden ist, die mit der erforderlichen Befugnis ausgestattet sind.

Apostolische Pönitentiarie

Drei Ämter kümmern sich um die wirtschaftlichen Angelegenheiten des Heiligen Stuhls. Die Güterverwaltung des Apostolischen Stuhls – auch nach ihrem lateinischen Namen APSA (Administratio Patrimonii Sedis Apostolicae) ge-

Finanz-verwaltung

nannt – ist die zentrale Finanzverwaltung. Die Präfektur für die wirtschaftlichen Angelegenheiten hingegen agiert als eine Art Rechnungshof. Die Apostolische Kammer schließlich wacht während der Sedisvakanz über die Vermögens- und Verwaltungshaushalte.

Präfektur des Päpstlichen Hauses

Neben den Kongregationen, Päpstlichen Räten und Gerichten gehören die Präfektur des Päpstlichen Hauses und das Amt für die liturgischen Feiern des Papstes zur Kurie. Die Präfektur kümmert sich um den reibungslosen Ablauf im päpstlichen Haushalt: Sie organisiert alle nicht-liturgischen Zeremonien und Audienzen des Papstes. Der Päpstliche Zeremonienmeister bereitet die Gottesdienste des Papstes vor und assistiert bei den Zeremonien. Nach einem alten Brauch, der bis ins 15. Jahrhundert zurückreicht, führt er ein Tagebuch über die Aktivitäten des Papstes. Dieses ist eine kostbare Quelle für die historische Forschung. Der Päpstliche Zeremonienmeister ist übrigens jene Person, die beim Konklave nach dem Einzug der Kardinäle in die Sixtinische Kapelle und der Vereidigung die berühmten Worte spricht: »Extra omnes«. Das ist die Aufforderung für alle außer den wahlberechtigten Kardinälen und dem Sekretär des Kardinaldekans, die Sixtinische Kapelle zu verlassen. Die schweren Holztüren werden verschlossen, und das Konklave beginnt.

Vom Staatssekretariat und den beiden zuletzt genannten Behörden abgesehen, liegen die Büros der meisten Dikasterien nicht auf dem Gelände

Papst		

Kongregationen	**Staatssekretariat**	**Räte**
Glaubenskongregation	Sektion Allgemeine Angelegenheiten	Laien
Orientalische Kirchen	Außenministerium	Förderung der Einheit der Christen
Gottesdienst und Sakramente	Nuntiaturen	Familie
Selig- und Heiligsprechungsverfahren		Gerechtigkeit und Frieden
Bischöfe	**Weitere Ämter der Kurie**	Cor unum
Evangelisierung der Völker	Apostolische Kammer	Seelsorge für Migranten und Menschen unterwegs
Klerus	Güterverwaltung des Apostolischen Stuhls	Krankendienst
Institute des gottgeweihten Lebens/Orden	Pärfektur für wirtschaftliche Angelegenheiten	Interpretation der Gesetzestexte
Katholisches Bildungswesen		Interreligiöser Dialog
	Besondere Einrichtungen	Kultur
Gerichte	Präfektur des Päpstlichen Hauses	Soziale Kommunikationsmittel
Apostolische Pönitentiarie	Amt für liturgische Feiern des Papstes	
Apostolische Signatur	Presseamt	
Rota Romana	Statistikamt	

Kommissionen	**Institutionen des Heiligen Stuhls**	**Akademien (Auswahl)**
Kulturgüter der Kirche	Schweizergarde	Wissenschaften
Sakrale Archäologie	Vatikanisches Geheimarchiv	Sozialwissenschaften
Bibelkommission	Apostolische Bibliothek	Leben
Internationale Theologenkommission	L'Osservatore Romano	Archäologie
Ecclesia Dei	Radio Vatikan	Theologie
	Vatikanisches Fernsehen	
	Dombauhütte St. Peter	
Komitees	Almosenamt	
Internationale Eucharistische Kongresse	Druckerei	
Geisteswissenschaften	Verlagsbuchhandlung	
	Arbeitsbüro	

des Vatikanstaats, sondern in einem der exterritorialen Gebäude in Rom. Viele sind entlang der Via della Conciliazione oder an der Piazza Pio XII., direkt vor dem Petersplatz untergebracht. Einige liegen auf dem Gelände des Palazzo San Callisto im Stadtteil Trastevere. Die Gerichte befinden sich im Palazzo della Cancelleria im Zentrum Roms. Die Büros der Kurienmitarbeiter sind nicht öffentlich zugänglich; für Gäste sind in jedem Dikasterium Empfangsräume eingerichtet. Ohne Termin ist es äußerst schwierig, vorgelassen zu werden. Verschwiegenheit ist oberstes Gebot. Dazu verpflichtet sich jeder Mitarbeiter zu Beginn seiner Dienstzeit durch einen Eid. Eine telefonische Auskunft bekommt der Fragesteller, wenn überhaupt, nur dann, wenn er dem Kurialen persönlich bekannt ist. Sonst wird auf den offiziellen Dienstweg verwiesen: eine schriftliche Anfrage beim Chef des Dikasteriums.

»Im Vatikan haben Laien nichts zu sagen«

Die Rolle der Laien im Zentrum der katholischen Kirche

Rund 4400 Mitarbeiter haben der Vatikanstaat und der Heilige Stuhl insgesamt. Knapp drei Viertel davon sind Laien. Allerdings spiegelt sich dieses Verhältnis nicht in den Führungspositionen wider. In der Kurie sind alle Leitungsämter mit Klerikern besetzt; im Vatikanstaat sieht es etwas anders aus. Zwar ist auch dort die oberste Führungsebene im Governatorat fest in der Hand von Geistlichen; darunter gibt es aber eine große Zahl Laien in höchsten Positionen. Sowohl Papst Benedikt XVI. als auch Kardinalstaatssekretär Tarcisio Bertone wünschen sich nach eigenen Worten, dass etwa mehr Frauen sichtbar in verantwortlichen Positionen des Vatikans tätig sind.

Es sind vor allem theologische Gründe, die eine Beteiligung von Laien an der Leitung der Weltkirche erschweren. Was oft in Diözesen und Gemeinden für Diskussionsstoff sorgt, gilt auch für die oberste Ebene. Welche Aufgaben können etwa studierte Theologen in den Pfarreien übernehmen und welche sind Priestern vorbehalten? Die Leitungsvollmacht in der katholischen Kirche ist eng an das Weiheamt gebunden. Gemäß dem II. Vatikanischen Konzil ist der Bischof der eigentliche Vorsteher der Gemeinde. Er ist mit der Vollmacht der Lehre, der Heiligung und der

Die Mitwirkung von Laien

Leitung ausgestattet. Priester und Diakone haben Anteil an diesen Vollmachten durch die Weihe. Im kirchlichen Gesetzbuch heißt es: »Zur Übernahme von Leitungsgewalt, die es aufgrund göttlicher Einsetzung in der Kirche gibt und die auch Jurisdiktionsgewalt genannt wird, sind nach Maßgabe der Rechtsvorschriften diejenigen befähigt, die die heilige Weihe empfangen haben.« (Can. 129 § 1). Im zweiten Absatz des Artikels heißt es dann allerdings auch: »Bei der Ausübung dieser Gewalt können Laien nach Maßgabe des Rechts mitwirken.« Allerdings bleibt nun Interpretation, was unter »Mitwirkung« konkret zu verstehen ist. Sicher kann es gedeutet werden im Sinne einer Mitwirkung an der Vorbereitung und Ausführung von Entscheidungen, die von Amtsträgern mit Weihe getroffen werden. Umstritten ist aber, ob damit auch die Möglichkeit der Teilhabe an der Leitungsgewalt selbst ausgedrückt wird. Das kirchliche Gesetzbuch sieht durchaus solche Möglichkeiten vor, wenn es etwa ermöglicht, dass Laien als Richter in einem Diözesangericht mitwirken können.

Laien im Medienbereich Bei der letzten Kurienreform im Jahr 1988 hat Johannes Paul II. in der Konstitution »Pastor bonus« festgeschrieben, dass die Kongregationen und Räte von einem Kardinal oder Erzbischof geleitet werden. Damit fällt die oberste Führungsebene für Laien aus. Was die Sekretäre und Untersekretäre in den Dikasterien anbetrifft, enthält Pastor bonus zwar keine entsprechende Aussage, dennoch sind jene traditionell ebenfalls mit Bischöfen (Sekretäre; Untersekretäre in Ausnahmefällen) und Geistlichen (Untersekretäre) besetzt. Bisher bestehen lediglich auf der Ebene der Untersekretäre einige Ausnahmen: Seit 2004 ist eine Ordensfrau Untersekretärin in der Ordenskongregation. Beim Päpstlichen Medienrat gibt es bereits seit 1991 Laien auf der Position des Untersekretärs, ebenso im Päpstlichen Laienrat. Im Medienbereich setzt der Heilige Stuhl verstärkt auf die Kompetenz von Laien in Leitungspositionen: etwa beim Chefredakteur der Vatikanzeitung L'Osservatore Romano oder beim Verwaltungsratschef des Vatikanischen Fernsehzentrums. Eine Sonderrolle hat der technische Direktor von Radio Vatikan, Alberto Gasbarri, denn er ist auch der Reisemarschall des Papstes. So ist es ein Laie, der hauptverantwortlich die Auslandsreisen des Pontifex vorbereitet.

Stärker sind Laien in Beratergremien des Heiligen Stuhls vertreten. Dies betrifft etwa die Konsultoren vieler Päpstlicher Räte, aber auch den Finanz- und Kulturbereich. Die Päpstlichen Akademien setzen sich zum größten Teil aus Laien zusammen. Die Akademie der Wissenschaften, die zahlreiche Nobelpreisträger und weitere führende Wissenschaftler aus aller Welt vereinigt, wird von einem Nichtkleriker geleitet, der Akademie der Sozialwissenschaften stand lange Zeit eine Harvard-Professorin vor. Der Heilige Stuhl legt Wert auf die Fachkompetenz der Laien. Sie beeinflussen damit in gewisser Weise Entscheidungsprozesse. Diesen Einfluss darf man nicht zu gering einschätzen, auch wenn

Gremien und Akademien

die Entscheidungen letztlich von Bischöfen, Kardinälen und dem Papst gefällt werden. Allerdings ist nicht unerheblich, aus welcher kirchlichen Tradition diese Laien kommen. Hier gibt es eine große Bandbreite. Die Entscheidung, wer als Berater herangezogen wird, liegt bei den Chefs der Dikasterien bzw. in vielen Fällen beim Papst. Manchmal werden die örtlichen Bischofskonferenzen bei der Auswahl einbezogen; oft laufen diese Prozesse aber auch an den Ortskirchen vorbei. Zwar kann man nicht in Abrede stellen, dass versucht wird, die ganze Bandbreite des katholischen Lebens bei der Suche der Konsultoren zu berücksichtigen. Doch naturgemäß finden sich kirchen- oder traditionskritische Vertreter in den Reihen der Berater eher selten.

Vatikanstaat Im Bereich des Vatikanstaats herrschen andere Verhältnisse. Hier sind die Laien bereits bis in die obersten Führungsebenen aufgestiegen. Von den knapp 1700 Mitarbeitern sind 95 Prozent Laien. Sie stehen etwa an der Spitze der Vatikanischen Museen und des Gendarmeriekorps, des Vatikanischen Gesundheitsdienstes und der Verwaltung der Päpstlichen Villen in Castel Gandolfo. Dazu kommt wieder eine Vielzahl von Beratern in verschiedensten Bereichen.

Am 4. Dezember 1979 wurde die Arbeitnehmervereinigung der Laien im Vatikan (ADLV) gegründet. 14 Jahre rangen die Vertreter mit den Kirchenoberen, bis Papst Johannes Paul II. 1993 die Arbeitnehmervertretung endlich offiziell anerkannte. Die Vereinigung übt die Funktion einer

Gewerkschaft im Vatikan aus; allerdings hat sie kaum Möglichkeiten, ihren Forderungen etwa durch einen Arbeitskampf Nachdruck zu verleihen. Ein Streikrecht gibt es im Vatikan und der Kurie nicht. Dem geringen Einfluss entsprechend ist die Zahl der Mitglieder von 2500 in den 1980er Jahren auf rund 600 seit Mitte der 1990er Jahre gesunken.

»Im Vatikan regiert das Opus Dei«

Der Vatikan zwischen Internationalisierung und Seilschaften

Die Rolle der Orden

Bei jeder Besetzung einer Führungsposition in der Zentrale der katholischen Kirche wird sehr genau darauf geachtet, ob der neue Amtsinhaber irgendeinem Orden, einer kirchlichen Bewegung oder sonstigen Organisation angehört oder zumindest nahe steht. Als Papst Johannes Paul II. das Opus-Dei-Mitglied Joaquín Navarro-Valls zu seinem Pressesprecher machte und weltweit die ersten Prälaten, die sich offen zum Opus Dei bekannten, zu Bischöfen ernannt wurden, sahen viele den Vatikan bereits fest in der Hand der meist als fundamentalistisch angesehenen Organisation. Ohne Zweifel ist es für jede Gruppierung von großem strategischem Vorteil, wenn Mitglieder an wichtigen Stellen der Kurie präsent sind. Allerdings darf man die Einflussmöglichkeiten auch nicht überschätzen. Sie sind zwar hier im Zentrum der katholischen Kirche; doch das eigentliche kirchliche Leben spielt sich in den über 2500 Diözesen rund um den Erdball ab.

Tummelplatz der Interessengruppen

Dennoch ist der Heilige Stuhl seit jeher ein Tummelplatz verschiedener Interessengruppen. Waren es über Jahrhunderte die italienischen Adelsfamilien, die versuchten, ihre Mitglieder an möglichst wichtigen Schaltstellen der katholischen Kirche zu platzieren, haben heute diese

Rolle vor allem Orden, kirchliche Bewegungen und Organisationen übernommen. Bei Ordensleuten ist es noch einfach, sie ihrer geistigen Heimat zuzuordnen. Bei vielen Bewegungen, die im 20. Jahrhundert entstanden sind, ist das oft schwieriger. Dennoch gilt, dass an der Kurie mittlerweile so viele verschiedene Gruppen versuchen, ihre Mitglieder zu platzieren, dass nicht eine Organisation erkennbar das Übergewicht und damit entscheidend mehr Einfluss innerhalb der Kurie hat. Dies gilt auch für das Opus Dei. Während in den letzten Jahren viele Kritiker dieser Entwicklung sich vor allem darauf konzentrierten, die Anhänger Escrivas im Vatikan zu beobachten, haben sich nahezu unbemerkt eine ganze Reihe anderer Bewegungen und Ordensgemeinschaften Plätze in den vatikanischen Büros gesichert.

Konservative Gruppen

Die Legionäre Christi, eine konservative Priesterkongregation, die 1941 von dem Mexikaner Marcial Maciel gegründet wurde, haben mittlerweile in fast allen Kurienbehörden einen Vertreter. Ziel der streng hierarchisch organisierten Legionäre ist es, die wirtschaftlichen, kulturellen und politischen Eliten für den katholischen Glauben zu gewinnen. Der Gehorsam innerhalb der Organisation wird groß geschrieben; Beichten dürfen nur bei den jeweiligen Oberen abgelegt werden. Weltweit gibt es derzeit rund 700 Priester und mehrere Tausend Priesteramtskandidaten. Die Legionäre werden vor allem von konservativen finanzkräftigen Kreisen unterstützt. Ähnlich aktiv an der Kurie ist die in Italien entstandene Bewegung Comunione e Liberazione. Vor allem unter den italienischen Kurialen hat die konservative Organisation viele Anhänger. Vier Frauen der Bewegung führen den Haushalt von Papst Benedikt XVI., der Comunione e Liberazione seit Jahren unterstützt. Das gilt übrigens auch für die kleine, aber rund um den Vatikan erstaunlich präsente und ebenfalls sehr traditionell ausgerichtete Bewegung Das Werk. Aus deutscher Sicht ist interessant, dass die Schönstatt-Bewegung mittlerweile in einer Reihe von Dikasterien vertreten ist – bis hin zur »persönlichen Sekretärin« des Papstes.

> **Immer wieder begegnen aufmerksamen Beobachtern die Kolumbusritter. 1882 in den USA gegründet, sind sie nach eigenen Angaben mit 1,7 Millionen Mitgliedern die größte Laienorganisation der katholischen Kirche und zahlungskräftige Unterstützer: Neben dem Medienbereich (Übertragungswagen für das Vatikanische Fernsehzentrum) haben sie Zuschüsse für die Computerisierung mehrerer Dikasterien gegeben. Die Anliegen der Oberen der Kolumbusritter haben durchaus Gewicht im Vatikan.**

Salesianer und Jesuiten

In den vergangenen Jahren ist die Zahl der Salesianer in den Kurienbehörden und auf Bischofsstühlen in aller Welt gestiegen. Unter dem Salesianerpater Kardinalstaatssekretär Tarcisio Bertone scheint sich diese Entwicklung fortzusetzen. Allerdings bleibt die Macht der Jesuiten ungebrochen. Sie sind zwar – vom Vatikanischen Pressesprecher abgesehen, der zugleich Generaldirektor von Radio Vatikan und des Vatikanischen Fernsehzentrums ist – nicht in Leitungspositionen vertreten, stellen aber trotzdem eine stattliche Reihe von Mitarbeitern für die Kurienbehörden und sind in allen Dikasterien präsent.

Die Mitglieder der jeweiligen Orden und Gemeinschaften bilden Netzwerke innerhalb des Vatikans. Es findet ein steter Informationsaustausch statt, der meist schneller ist als der normale Dienstweg. Denn im Vatikan geht normaler-

Netzwerke

Ungeachtet dessen gibt es Netzwerke, die sich um einzelne Bischöfe und Kardinäle herum bilden. Diese versuchen, ihnen vertrauten Priestern an der Kurie eine Aufgabe zu verschaffen. So fällt etwa auf, dass zur Zeit des Kardinalstaatssekretärs Angelo Sodano, der aus dem Piemont stammt, eine ganze Reihe Mitarbeiter in verschiedenen Dikasterien und im diplomatischen Dienst aus dieser Region kamen. Unter seinem Nachfolger, Kardinal Tarcisio Bertone, der vor seiner Berufung zum Kardinalstaatssekretär Erzbischof von Genua war, gibt es nun viele Ernennungen von Personen aus diesem Umfeld wie etwa der neue Päpstliche Zeremonienmeister Guido Marini, der zuvor Zeremonienmeister des Erzbischofs von Genua war.

weise alles streng den hierarchischen Weg. Ein kurzes Telefonat von Fachreferent zu Fachreferent über Dikasteriumsgrenzen hinweg ist in den Statuten nicht vorgesehen. Während die Netzwerke innerhalb des Vatikans in den vergangenen Jahren zunehmend durch die Zugehörigkeit zu Bewegungen, Orden oder bestimmten theologischen und spirituellen Zirkeln bestimmt werden, hat die nationale Herkunft an Bedeutung verloren. Zwar gibt es nach wie vor Treffen in Sprach- oder Ländergruppen; doch haben diese kaum institutionellen Charakter. Die Gruppe der Deutschsprachigen im Vatikan trifft sich beispielsweise nur noch zweimal im Jahr vor der Sommerpause und vor Weihnachten. Zurzeit arbeiten rund 60 Kleriker und Laien aus dem deutschen Sprachraum an der Kurie.

Beamtenapparat Im Vatikan gelten die gleichen Gesetzmäßigkeiten wie in anderen staatlichen Beamtenapparaten. Wer einmal eingetreten ist, der kann darin bis zu seiner Pensionierung, die bei Priestern normalerweise bei 70 Jahren liegt, bleiben. Die Führungsebene (Präfekten, Sekretäre und Untersekretäre) reicht den Rücktritt, wie alle Bischöfe weltweit, zum 75. Geburtstag ein. Der Papst bestimmt über den Zeitpunkt der Annahme. Zwar werden die Ämter immer nur für fünf Jahre vergeben. Wenn der Kandidat aber nicht wieder in seine Heimat zurück möchte, wird dieses Quinquennium meist mehrfach verlängert. Die Führungspersonen werden in der Regel aus dem bestehenden Apparat rekrutiert. Ausnahmen gibt es gelegentlich bei den obersten Leitungsämtern der Dikasterien. Ihre Besetzung ist durchaus mit dem Vorgehen im Bereich einer säkularen Regierung vergleichbar: Die Posten werden nur bedingt nach Fachkenntnis vergeben. Oft handelt es sich um eher politische Entscheidungen. Die Fachkompetenz wird durch den Mitarbeiterstab garantiert.

Über Jahrhunderte war die Kurie fest in italienischer Hand. Die Päpste kamen aus römischen oder zumindest italienischen Adelsfamilien. Entsprechend waren die wichtigsten Leitungsämter und der Verwaltungsapparat mit Italienern besetzt. Mit Karol Wojtyla bestieg 1978 zum ersten Mal seit 1523 wieder ein Nicht-Italiener die Cathedra Petri. Seine Wahl war auch ein Zeichen für die zunehmende Internationalisierung der Kurie nach dem II. Vatikanischen Konzil. Im Konklave im Herbst 1978 waren die Europäer zum ersten Mal nicht mehr in der Mehrheit. Die Italiener stellten sogar nur noch 27 der 111 Papstwähler. Zwar ist in der 27-jährigen Amtszeit von Papst Johannes Paul II. die Internationalisierung weiter vorangetrieben worden, doch noch immer dominieren die Italiener sowohl in den Leitungsämtern als auch auf der Beamtenebene den Heiligen Stuhl und den Vatikanstaat. Unter Papst Benedikt XVI. scheint die Macht der Italiener in den Leitungspositionen der Kurie wieder zuzunehmen. Ende 2007 sind knapp die Hälfte der rund 80 Führungsämter mit Italienern besetzt. Zum Ende des Pontifikats seines Vorgängers waren es fünf Prozent weniger.

Internationalisierung der Kurie?

Italienischer Einfluss Der Einfluss der Italiener war nie ernsthaft geschwunden. Wie sollte er auch; der Vatikan liegt mitten in Italien, er denkt und handelt italienisch. Die Arbeitssprache ist Italienisch. Latein wird nur noch in der Liturgie und als Originalsprache für wichtige vatikanische Dokumente verwendet. Für Mitarbeiter aus anderen Ländern ist die Sprache damit schon eine erste Barriere. Hinzu kommt, dass die Bischöfe in aller Welt nur ungern gute Mitarbeiter für die Arbeit am Heiligen Stuhl freistellen, da sie meist schon im eigenen Bistum nicht alle Positionen besetzen können. Der Priestermangel fordert auch an dieser Stelle seinen Tribut.

Lohnniveau im Vatikan Bei den Laienmitarbeitern ist die Situation ähnlich. Erschwerend kommt aber für sie hinzu, dass das Lohnniveau im Vatikan, der sich an italienischen Einkommen orientiert, oft unter dem des Heimatlandes liegt. Bei Priestern gleicht oft das Heimatbistum durch einen Zuschlag das niedrigere Einkommen aus und hebt es auf das Niveau des Heimatlandes. Bei Laien aus dem Ausland ist das nicht der Fall. Für sie ist es daher schwierig, mit dem vatikanischen Einkommen den Unterhalt für die Familie zu bestreiten. Der Monatslohn innerhalb der zehn Vergütungsstufen liegt zwischen 1100 und 2300 Euro brutto. Dazu kommen noch kleinere Zuschläge nach Dienstalter und für Kinder sowie ein 13. Monatsgehalt. Auch wenn man berücksichtigt, dass vom Bruttolohn nur zwei Prozent für die Krankenversicherung und fünf Prozent für den Pensionsfonds abgezogen werden, bleibt für eine Familie nicht viel. Unter diesen Voraussetzungen zögern viele Laien, nach Rom zu gehen. Das freut wiederum viele italienische Prälaten, die in ihrem Bekanntenkreis immer Interessenten für einen Posten im Vatikan finden. Die Präfekten und Präsidenten der Kurienbehörden verdienen übrigens rund 3500 Euro, die Gehälter der Sekretäre liegen bei 2500 Euro und die der Untersekretäre bei 2000 Euro.

»Die Schweizergarde ist eine reine Folkloretruppe«

Die Sicherheit im Vatikan

Mit ihren bunten Gala-Uniformen gehören sie zu den am meisten fotografierten Sehenswürdigkeiten der Welt: die Schweizergardisten. Sie stehen an den Eingängen zum Vatikan und entscheiden darüber, wem Einlass gewährt wird in den kleinsten Staat der Welt. Ihre Aufgabe ist es, das Leben des Papstes zu schützen. Allerdings müssen sie sich diese Aufgabe teilen: mit der vatikanischen Gendarmerie. Die hat jede Ecke des Vatikans mit ihren Tausenden Überwachungskameras genau im Blick. Niemand kann sich unbeobachtet im Kirchenstaat bewegen.

Anfänge der Schweizergarde 1506 ruft Julius II. Söldner aus der Schweiz nach Rom. Die besondere Tapferkeit der Eidgenossen hatte sich bis nach Italien herumgesprochen. Julius II. ist nicht nur der Papst, der den Grundstein für den heutigen Petersdom gelegt und mit Michelangelo für die Sixtinische Kapelle und Raffael für die Stanzen des Vatikanpalasts hervorragende Künstler gewonnen hat, sondern er versuchte auch, die Macht des Kirchenstaats auszubauen. Seine Vorstellungen setzte er mit allen Mitteln durch. Das brachte ihm nicht nur Sympathien ein, so dass er zum Schutz seiner Person eine besondere Leibgarde brauchte. Am 22. Januar 1506 zogen 150 Schweizer aus dem Kanton Uri unter ihrem Hauptmann Kaspar von Silenen in Rom ein. Das war die Geburtsstunde der Päpstlichen Schweizergarde. Fortan war sie für den Schutz des Pontifex verantwortlich. Ihre Feuertaufe erlebte sie am 6. Mai 1527 beim »Sacco di Roma«. Landsknechte Kaiser Karl V. plünderten Rom und stürmten den Vatikan. Über einen Geheimgang, den Passetto, retten die Schweizergardisten den Papst in die Engelsburg. Nur 42 Gardisten überleben, 147 fallen im Kampf. In der Kirche des Collegio Campo Santo Teutonico, dem deutschen Friedhof innerhalb des Vatikans, gibt es eine Kapelle, die als Grablege der damals gefallenen Schweizergardisten dient.

Sacco di Roma

> **Im Gedenken an die Ereignisse des »Sacco di Roma« werden jedes Jahr am 6. Mai die neuen Schweizergardisten im Rahmen einer feierlichen Zeremonie vereidigt. Dabei schwören sie, »treu, redlich und ehrenhaft zu dienen dem regierenden Papst und seinen rechtmäßigen Nachfolgern, und mich mit ganzer Kraft für sie einzusetzen, bereit, wenn es erheischt sein sollte, selbst mein Leben für sie hinzugeben«.**

Die Gala-Uniform der Schweizergarde ist in den Traditionsfarben der Medici gehalten: Blau, Rot, Gelb. Sie erinnern an den Sacco di Roma. Denn Clemens VII., den die Gardisten in die Engelsburg retteten, gehörte zum Haus der Medici. Allerdings wurde die Uniform nicht von Michelangelo entworfen, wie oft behauptet wird. Im Verlauf der 500-jährigen Geschichte erfuhr sie viele Wandlungen. Die heutige Form stammt aus der Zeit des

Uniform

Kommandanten Jules Répond, der von 1910 bis 1921 das Regiment führte. Er ließ sich dabei von Abbildungen der Schweizergardisten in den Fresken Raffaels im Apostolischen Palast inspirieren. Die Gala-Uniform wird nur bei Repräsentationsdiensten genutzt. Sonst tragen die Gardisten eine schlichte dunkelblaue Uniform.

Arbeits-bedingungen

Katholisch, Schweizer, unverheiratet, unter dreißig Jahren sowie ein guter Leumund, eine Berufsausbildung und die bestandene Rekrutenschule der Schweizer Armee sind die Voraussetzungen für die Kandidaten. Das Gardemaß von 1,74 Meter gilt heute nur noch als Richtgröße. Jährlich kommen etwa 30 neue Gardisten zur Schweizergarde. Bei der Gesamtstärke von 110 Mann bedeutet das eine große Fluktuation. Die Gardisten verpflichten sich für mindestens zwei Jahre. Nur knapp zwanzig Prozent machen von der Möglichkeit Gebrauch, auch länger zu bleiben. Ein Hemmnis sind die geringen Aufstiegsmöglichkeiten innerhalb der kleinsten Armee der Welt. Hinzu kommt, dass die Gardisten nur dann heiraten dürfen, wenn eine Wohnung in der Kaserne frei ist. Derzeit gibt es 15 Wohnungen, die aufgrund der beengten Verhältnisse zum Teil schon außerhalb der Kaserne, auf dem Vatikangelände liegen. Aufgrund der gestiegenen Arbeitsanforderungen möchte die Garde gerne in den nächsten Jahren ihre Zahl auf rund 130 Mitglieder erhöhen. Zu den Kadern – den Führungskräften – gehören rund 30 Gardisten, die Übrigen sind Hellebardiere, benannt nach der Stangenwaffe »Hellebarde«, die sie beim Ehrendienst tragen.

Schweizergardist

Die neuen Gardisten durchlaufen eine knapp ein-
monatige Rekrutenschule. Dabei lernen sie, mit der
Hellebarde umzugehen, im Gardeschritt zu exerzie-
ren und stillzustehen. Es werden außerdem spezifi-
sche Kenntnisse über den Vatikan und die Personen, die ein- und ausgehen dürfen, erlernt. Die
Gardisten sind in Selbstverteidigung ausgebildet.
Bewaffnet sind sie mit Pfefferspray und modernen
Schusswaffen. Schweizer Sturmgewehre und Pisto-
len sind auf den Dienstposten immer griffbereit.

**Die Garde erfüllt ihren Dienst meist unauf-
fällig und ohne großes Aufsehen. Für internationale Schlagzeilen sorgte allerdings im
Mai 1998 der Mord am frisch ernannten
Kommandanten Alois Estermann und seiner Frau. Nach offizieller Version des Vatikans wurden beide von einem jungen
Gardisten erschossen, der sich nach der Tat
selbst richtete. Grund sollen berufliche
Schwierigkeiten zwischen dem Unteroffi-
zier und Estermann gewesen sein. Die
Mutter des jungen Gardisten zweifelt die
Ergebnisse der vatikanischen Untersuchun-
gen an und versucht seit Jahren, eine Neu-
aufnahme des Verfahrens zu erreichen. Sie
sieht ihren Sohn als Opfer von Machtkämp-
fen im Innern des Vatikans.**

Die wichtigste Aufgabe der Schweizergarde ist
der Wachdienst, der rund 80 Prozent der Arbeit
ausmacht. Die meisten Posten sind an Orten, die
für die Öffentlichkeit nicht zugänglich sind, im
Apostolischen Palast, der Residenz des Papstes.

Wachdienste

Beim Besuch eines Staatsgastes oder eines Botschafters im Vatikan stellt die Schweizergarde eine Ehrenformation. Zum »Ehrendienst« gehört auch die »Thronwache« in der Nähe des päpstlichen Throns bzw. Altares bei Audienzen und Gottesdiensten. Bei diesen Veranstaltungen übernehmen die Gardisten zusätzlich Ordnerdienste.

Schutz des Papstes Der Nahschutz des Papstes gehört zu den schwierigsten Aufgaben der Schweizergarde. Er wird nur von dienstälteren Mitgliedern wahrgenommen, die mindestens sieben Jahre in der Garde gedient haben. Die rund zwanzig Personen werden in Zusammenarbeit mit dem Schweizer Heer für den Nahschutz ausgebildet. Die Schweizergardisten stehen vor der Herausforderung, dass der Papst den Kontakt zu den Menschen und großen Massen sucht. Eine absolute Sicherheit kann dabei nie garantiert werden. Papst Johannes Paul II. hatte verfügt, dass die Personen im Nahschutz keine Waffen tragen. Allerdings ist es bei einem Angriff aus der Menge heraus auch schwierig, Waffen zu benutzen. Vielmehr geht es darum, den Papst vor weiteren Angriffen zu schützen und ihn so schnell wie möglich aus der Gefahrenzone zu bringen. Daher sind die Nahschützer zwar auch im Umgang mit der Waffe ausgebildet; wichtig sind aber vor allem Beobachtungsgabe, Konzentrationsfähigkeit, Reaktionsvermögen und das perfekte Zusammenspiel der beteiligten Personen.

Genau hier liegt ein Problem. Denn in der Praxis muss sie sich die Aufgabe mit der vatikanischen Gendarmerie teilen. Das erkennt man bei den öffentlichen Auftritten des Papstes gut, wenn auf der einen Seite des Pontifex der Kommandant der Schweizergarde läuft und auf der anderen der Chef der Gendarmerie. Zwischen beiden Korps gibt es Absprachen. Die Zusammenarbeit ist mitunter schwierig, nicht zuletzt, weil durch die unterschiedlichen Mentalitäten der Italiener und Schweizer verschiedene Vorstellungen über das Sicherheitskonzept bestehen. 1999 richtete Papst Johannes Paul II. ein gemeinsames Komitee ein, das Grundsatzfragen der Sicherheit klären soll.

Das »Gendarmeriekorps des Staats der Vatikanstadt« – so der offizielle Titel – nimmt im Vatikan Aufgaben als Staats-, Justiz- und Verkehrspolizei wahr. Während die Schweizergarde direkt für den Schutz des Papstes zuständig ist, sorgt die Gendarmerie für die Aufrechterhaltung der Ordnung im Kirchenstaat. Dafür stehen rund 200 Mann zur Verfügung. Ähnlich wie bei der Schweizergarde ist nur ein kleiner Teil direkt im Nahschutz des Papstes eingesetzt; zumal die Aufgabe eine viel umfassendere ist. Normalerweise tragen die Gendarmen eine schlichte blaue Uniform und sind mit einer Pistole bewaffnet. Sie wohnen während der ersten beiden Dienstjahre in einer Kaserne im Vatikan; danach können sie den Wohnsitz frei wählen. Beim Eintritt in das Gendarmeriekorps müssen sie zwischen 21 (Alter der Volljährigkeit im Vatikan) und 25 Jahre alt sein, ledig, katholisch und mindestens 1,80 Meter groß. Zu den Einsatzgebieten gehören neben dem Vatikan auch die exterritorialen Gebiete in Rom und die päpstliche Sommerresidenz in Castel Gandolfo.

Vatikanische Gendarmerie

In der Zentrale der Gendarmerie, der »Sala operativa«, laufen alle Fäden in puncto Sicherheit zusammen. Auf einer riesigen Monitorwand mit über 50 Bildschirmen sehen die Beamten fast jede Bewegung im kleinen Kirchenstaat. Viele der rund 5000 Kameras dienen dabei zugleich als Bewegungsmelder: Wird eine Person von ihnen erfasst, kann per Knopfdruck ein digitales Bild an alle Dienststellen verschickt werden. Es ist sogar möglich, Bewegungsprofile für einzelne Personen zu erstellen. Wer den kleinsten Staat der Welt betritt, wird zunächst von der Schweizergarde kontrolliert; danach kommt die Gendarmerie. Sie hat an drei der fünf Eingänge »Visa-Stellen« eingerichtet. Dort muss sich jeder, der einreisen möchte, ausweisen und den Grund seines Besuchs nennen. Erst nach einer Bestätigung durch die entsprechende Stelle bekommt man einen Passierschein und kann so den Kirchenstaat betreten. Ohne Grund darf niemand mal eben so durch den Vatikan spazieren. Jeden Tag werden rund tausend Visa ausgestellt.

> **Ohnedies kann sich niemand unkontrolliert im Vatikan bewegen, sogar in den Vatikanischen Gärten wachen mehrere Vertreter der blauen Zunft über die Spaziergänger und Gruppen.**

> **Dem Chef der Gendarmerie, dem Generalinspekteur, unterstehen auch die Vatikanische Feuerwehr und eine kleine Antiterroreinheit, die mit Spezialgerät etwa zum Entschärfen einer Bombe ausgestattet ist. Auf dem Petersplatz teilt sich die Gendar-**

merie die Aufgabe mit der italienischen Polizei. Die Lateranverträge sehen vor, dass die italienischen Sicherheitsbehörden die polizeilichen Aufgaben auf dem Platz wahrnehmen. Sobald der Papst den Petersplatz, der Teil des Territoriums des Vatikanstaats ist, betritt, ziehen sich die italienischen Sicherheitskräfte zurück und die vatikanische Gendarmerie übernimmt das Kommando. Der Chef der Gendarmerie steht in ständigem Kontakt mit der kleinen Sondereinheit der italienischen Polizei, die rund um den Petersplatz wacht.

Wenn der Papst den Vatikanstaat verlässt, begleitet ihn eine kleine Gruppe von Personenschützern, die sich aus Gendarmen und Schweizergardisten in Zivil zusammensetzt. Das gilt für Reisen innerhalb Italiens genauso wie für die großen Auslandsvisiten. Für die Sicherheit ist dann allerdings das Gastland verantwortlich. Die vatikanischen Sicherheitskorps arbeiten in diesen Fällen eng mit den örtlichen Behörden zusammen. Sowohl Schweizergarde als auch die Gendarmerie und das Staatssekretariat halten Kontakt zu verschiedenen staatlichen Geheimdiensten und Sicherheitsdiensten internationaler Konzerne. Letztere haben den Vorteil, dass ihre Informationen nicht politisch gefärbt sind. Sie sind so ein wichtiger Baustein, um vor Reisen oder den großen christlichen Festen wie Weihnachten und Ostern die Sicherheitslage aktuell einschätzen zu können.

Sicherheit auf Reisen

»Der Heilige Stuhl ist die reichste Institution der Welt«

Die Finanzen des Vatikans

Geheimnis
Finanzen

Zu den größten Geheimnissen des Vatikans gehören die Finanzen. Zwar legt der Kirchenstaat seit einiger Zeit jährlich Bilanzen vor. Doch sie geben keine Auskunft über das tatsächliche Finanzgebaren des Heiligen Stuhls und des Vatikanstaats. Über die Aktivitäten des »Instituts für die religiösen Werke« (IOR) – im Volksmund auch Vatikanbank genannt – hüllt man sich in völliges Schweigen. Die Geheimniskrämerei um die Finanzen führt letztlich dazu, dass mit steter Regelmäßigkeit Gerüchte über Verwicklungen in illegale Finanzgeschäfte aufkommen.

Selbst für ausgewiesene Fachleute ist es schwierig, die verschiedenen Zuständigkeiten im Finanzbereich des Vatikans zu verstehen. Zunächst muss man wieder trotz gelegentlicher Überschneidungen zwischen dem Vatikanstaat und dem Heiligen Stuhl unterscheiden. Die »Präfektur für die wirtschaftlichen Angelegenheiten« koordiniert die gesamten Finanz- und Wirtschaftsangelegenheiten des Heiligen Stuhls als eine Art Rechnungshof und Finanzministerium in einem. Sie wird von einem Kardinal geleitet, dem ein 15-köpfiger Kardinalsrat zur Seite steht, der über die Finanzen des Heiligen Stuhls wacht. Zum fünfköpfigen internationalen Team der Rechnungsprüfer gehört auch der deutsche Finanzfachmann und Unternehmensberater Wolfgang Bernhardt.

Die eigentliche Finanzverwaltung des Heiligen Stuhls liegt in den Händen der »Güterverwaltung des Apostolischen Stuhls« (APSA). Sie verwaltet die (beweglichen) Güter und Immobilien, kümmert sich um die Lohn- und Gehaltszahlungen sowie den Unterhalt der diplomatischen Vertretungen in aller Welt. In der »Sezione straordinaria« agiert die APSA wie eine Art vatikanische Zentralbank. Sie verwaltet die Kapitalanlagen des Heiligen Stuhls und steht dazu mit Großbanken rund um den Globus in engem Kontakt. Beraten lässt sich die APSA von einem Expertengremium aus internationalen Finanzfachleuten, darunter Peter Sutherland, Chairman der renommierten Investmentbank Goldman Sachs, und Robert J. McCann von Merrill Lynch.

Güterverwaltung des Apostolischen Stuhls

Über das Portfolio des Vatikans ist wenig bekannt. Es besteht zu etwa drei Vierteln aus festverzinslichen Wertpapieren, der Rest sind Aktien. Man konzentriert sich auf europäische und nordamerikanische Staatsanleihen. Die Verantwortlichen sind bestrebt, politisch und ethisch saubere Aktien zu kaufen. Das ist nicht immer einfach. Als Paul VI. 1968 in der Enzyklika Humanae vitae jegliche künstliche Empfängnisverhütung verbot, kam ans Tageslicht, dass der Vatikan Aktien einer italienischen Pharmafirma besaß, die die Pille herstellte. Seitdem sind die vatikanischen Anleger wachsam. 2006 erzielten sie durch Zinserträge und Dividenden einen Erlös von 28,5 Millionen

Portfolio des Vatikans

Euro (2005: 25,5 Millionen Euro). Über die Höhe des Anlagevermögens schweigt der Vatikan.

Spenden Zu den wichtigsten Einnahmequellen des Heiligen Stuhls gehören die Spenden und Zuwendungen aus aller Welt. 2006 waren das rund 86 Millionen Euro (2005: 73,9 Millionen Euro). Knapp ein Viertel waren Zuwendungen von den Diözesen weltweit. Die größten Geldgeber sind die Bistümer in den USA und Deutschland. Der Rest der Spenden kommt von Orden, kirchlichen Organisationen und Privatpersonen.

> **Der Peterspfennig, der weltweit in den katholischen Kirchen am Fest Peter und Paul (29. Juni) gesammelt wird, brachte 2006 rund 75 Millionen Euro (2005: 50 Millionen Euro) ein. Das Geld fließt nicht in den vatikanischen Haushalt, sondern steht dem Papst direkt zur freien Verfügung, etwa für karitative Zwecke. Die Verwendung wird aber nicht offengelegt. Vermutlich wurde mit diesen Mitteln auch immer wieder das Haushaltsdefizit ausgeglichen, das der Vatikan in den 1980er Jahren über einen längeren Zeitraum sowie um die Jahrtausendwende verzeichnete.**

Weitere Säulen auf der Habenseite sind die Immobilien. Bei der Zahl der Objekte schwanken die Angaben zwischen 800 und 2500. Der Netto-Erlös 2006 lag bei 32,3 Millionen Euro (2005: 22,4 Millionen Euro). Hier könnten durchaus noch höhere Erlöse erzielt werden, denn viele Mieter vatikanischer Wohnungen und Palazzi zahlen Mieten weit unter den in Rom üblichen Preisen.

Die laufenden Kosten für die Arbeit der Kurie beliefen sich 2006 auf rund 126 Millionen Euro (2005: 121 Millionen Euro). Der größte Teil entfällt auf die Personalkosten für die rund 2700 Mitarbeiter des Heiligen Stuhls, wobei der Papst kein eigenes Einkommen hat. Die diplomatischen Vertretungen in aller Welt lässt sich der Vatikan rund 20 Millionen Euro im Jahr kosten. Zu den größten Ausgabenposten gehören die vatikanischen Medien. Allein Radio Vatikan, das keine Einnahmen durch Werbung oder Ähnliches einbringt, kostet pro Jahr knapp 24 Millionen, die Tageszeitung L'Osservatore Romano 4,4 Millionen Euro. Lediglich die vatikanische Druckerei, das Fernsehzentrum und der Vatikanverlag verzeichnen meist einen leichten Einnahmeüberschuss.

Laufende Kosten

Der Gesamthaushalt des Heiligen Stuhls belief sich 2006 auf 228 Millionen Euro und schloss mit einem leichten Überschuss von 2,4 Millionen Euro. Zum Vergleich: Der Haushalt der Erzdiözese Köln lag für 2007 bei 672 Millionen Euro. Allerdings legt der Vatikan auch nicht alle Zahlen offen. Denn beim Haushalt des Vatikanstaats, der von dem des Heiligen Stuhls unterschieden werden muss, wird nur die Höhe des Ergebnisses – sprich Gewinn oder Verlust – veröffentlicht. Für 2006 war es ein Gewinn von 21 Millionen Euro. Das Haushaltsvolumen dürfte bei geschätzten 150 Millionen Euro liegen. Der Vatikanstaat hat, anders als der Heilige Stuhl, durchaus wichtige, ei-

Gesamthaushalt

gene Einnahmequellen. Dazu gehören der Verkauf von Briefmarken und Münzen sowie die Eintrittsgelder für die Vatikanischen Museen, die jährlich über vier Millionen Besucher verzeichnen.

Vatikanbank Keine Zahlen legt das »Institut für die religiösen Werke« (IOR) vor. Die Vatikanbank ist allein dem Papst rechenschaftspflichtig und dem Kardinalsgremium, das in dessen Auftrag über das Gebaren des IOR wacht. Sie gehört weder zur Kurie noch zum Vatikanstaat. Sie wurde 1887 von Leo XIII. gegründet, um nach dem Ende des Kirchenstaats die Reste des Kirchenvermögens und die Ausgleichszahlungen des italienischen Königreichs für den Verlust des Staatsterritoriums zu verwalten. Pius XII. wandelte das IOR 1942 in eine Bank um. Durch die geheime Geschäftspolitik wird die Vatikanbank bis in die Gegenwart immer wieder mit illegalen Machenschaften, Geldwäsche und der Mafia in Verbindung gebracht. Höhepunkt war 1982 die Verwicklung des IOR in den Untergang der Mailänder Banco Ambrosiano. Zwar streitet der Vatikan bis heute jegliche Verantwortung ab; doch 1984 zahlte die Kirchenbank 240 Millionen Dollar an die Gläubiger des insolventen Bankhauses. In Folge dieser Krise reformierte Papst Johannes Paul II. das IOR und unterstellte die Bank nicht nur einem Aufsichtsrat aus fünf Kardinälen, sondern auch einem Aufsichtsgremium aus fünf externen Finanzexperten. Dazu gehören zurzeit auch das ehemalige Deutsche-Bank-Vorstandsmitglied Ronaldo Schmitz und der Schweizer Robert Studer, ehemals Vorsitzender des Aufsichtsrats der

Union Bank of Switzerland. 1994 durften erstmals externe Rechnungsprüfer von Price Waterhouse in die Bücher des IOR blicken.

Die Kunden der IOR sind neben der Kurie Ordensgemeinschaften, Diözesen, kirchliche Organisationen und auch vereinzelt Privatleute. Das Vermögen wird derzeit auf rund 5,7 Milliarden Euro geschätzt. Mitte der 1990er Jahre lag der jährliche Gewinn bei 30 Millionen Euro, heute dürfte er höher sein. 85 Prozent davon gehen an den Papst, der darüber frei verfügt. Papst Johannes Paul II. nutzte das Geld unter anderem dafür, die polnische Gewerkschaft Solidarność im Kampf gegen die kommunistischen Machthaber zu unterstützen.

Die Vermögenswerte des Vatikans lassen sich schwer schätzen. Sie liegen zwischen 1,2 und 12 Milliarden Euro. Viele Gebäude und Kunstwerke sind in den Bilanzen mit einem symbolischen Wert von einem Euro gelistet. Der Vatikan vertritt den Standpunkt, dass diese zum größten Teil nicht verkäuflich sind. Die Vatikanischen Museen und die großen Kirchen seien Erbe der Menschheit und daher nicht veräußerbar. Was aus den umgerechnet 92 Millionen Dollar geworden ist, die der Heilige Stuhl als Entschädigung von Italien 1929 bei der Unterzeichnung der Lateranverträge erhalten hat, ist ungewiss. Ein Teil wurde für große Baumaßnahmen verwendet wie den Bahnhof und das Governatorat. Ein anderer Teil soll sehr gewinnbringend angelegt worden sein.

Das Vermögen des Vatikans

Der Papst

»Der Papst kann machen, was er will«

Wie der Papst seine Entscheidungen trifft

Die katholische Kirche ist kein demokratisches System. An ihrer Spitze steht der Papst als absoluter Monarch. Er vereint in seiner Person die legislative, exekutive und richterliche Gewalt. Er wird zwar von den Kardinälen in einem demokratischen Abstimmungsverfahren gewählt; allerdings kommen die Kardinäle wiederum durch Ernennung des Papstes in ihr Amt und nicht durch Wahl etwa durch Bischöfe, Priester oder Laien. Beim I. Vatikanischen Konzil (1869–1870) wurde zudem festgeschrieben, dass der Papst in Fragen der Glaubens- und Sittenlehre unfehlbare Entscheidungen treffen kann. Die Machtfülle, die in der Hand des Papstes liegt, ist immens. Zum Willkürherrscher über eine Milliarde katholische Seelen wird er damit aber nicht. Der Pontifex ist bei seinen Entscheidungen an die Tradition und das Kollegium der Bischöfe gebunden. Allerdings nur mittelbar.

Machtfülle des Papstes

Das I. Vatikanische Konzil hat 1870 in der Konzilskonstitution »Pastor aeternus« festgelegt, dass der Bischof von Rom den Primat und die oberste Jurisdiktionsgewalt in der Kirche besitzt. Das schließt auch ein, unfehlbare Entscheidungen zu treffen. Im Hintergrund stand die alte kirchliche Überzeugung: Jesus Christus habe der Kirche zugesagt, der Heilige Geist werde sie in der Wahrheit lehren und erhalten (vgl. Joh 16,13). Das kirchliche Amt habe die Aufgabe, unterstützt durch den Heiligen Geist die Kirche zu leiten und diese Wahrheit weiter zu tradieren. Das I. Vatikanum hat diese Überzeugung auf das irdische Oberhaupt der Kirche zugespitzt. Das II. Vatikanische Konzil (1962–1965) hat diese Vorstellung bestätigt und weiterentwickelt. Der Jurisdiktionsprimat kommt dem gesamten Bischofskollegium zu, wenn es zusammen mit dem obersten Hirten Entscheidungen fällt; allerdings kann der Papst diese Macht auch alleine ausüben.

Grenzen der Unfehlbarkeit

Trotzdem ist nicht jede Entscheidung des Papstes unfehlbar. Zum einen kann er nur in Glaubens- und Sittenfragen unfehlbar sprechen. Zum anderen hat eine Entscheidung des Papstes nur dann diese Qualität, wenn sie »ex cathedra« (mit höchster Lehrgewalt) gesprochen wird. Der Pontifex muss das eigens kenntlich machen, zum Beispiel durch die Formulierung oder eine besonders feierliche Form der Verkündung. Die letzten beiden »Ex-Cathedra«-Entscheidungen waren das Dogma von der unbefleckten Empfängnis Mariens durch Pius IX. 1854 und das Dogma der leiblichen Aufnahme Mariens in den Himmel, das Pius XII. 1950 verkündete. Voraussetzung für eine unfehlbare Entscheidung ist zudem, dass der Inhalt der Lehre im Prinzip bereits von der ganzen Kirche akzeptiert ist. Sie darf nicht im Widerspruch zur Heiligen Schrift und zum überlieferten Glaubensgut der kirchlichen Tradition stehen. Es kann also nicht etwas völlig Neues zum Dogma erhoben werden.

Selbstverständlich besitzen die Äußerungen des Pontifex grundsätzlich Verbindlichkeit, denn der Papst ist der oberste Hirte der Kirche. Sie haben aber nicht alle den Charakter eines Dogmas, einer Glaubenswahrheit, die endgültig und verbindlich festgelegt wird. Denn auch die Päpste sind sich bewusst, dass sich das Lehramt der Kirche weiterentwickelt. So hat sich etwa die Position zur Religionsfreiheit, eines der großen Themen Papst Benedikt XVI., über die Jahrhunderte verändert. Noch Leo XIII. verurteilte Ende des 19. Jahrhunderts die Religionsfreiheit. Erst mit dem II. Vatikanischen Konzil wurde sie von der katholischen Kirche anerkannt, und Papst Benedikt XVI. macht sich gar zum Vorkämpfer in der Sache, wenngleich unter veränderten Voraussetzungen. Ähnliche Veränderungen und Weiterentwicklungen des Lehramts ließen sich bei der Beurteilung der Evolutionstheorie, der menschlichen Sexualität oder der katholischen Soziallehre aufzeigen.

Wandel im Lehramt

Die Enzyklika ist die feierlichste Form, in der sich der oberste Hirte an die Bischöfe und die Gläubi-

Enzykliken

gen in der ganzen Welt richtet. Benedikt XIV. (1740–1758) verfasste als Erster ein solches Lehrschreiben. Die Enzyklika verpflichtet zur gehorsamen Annahme; allerdings gibt es Abstufungen der Verbindlichkeit, je nach inhaltlicher Aussage und dem Einsatz der Autorität durch den Papst. Entscheidend ist, mit welcher Formulierung der Pontifex eine Aussage trifft. Das gilt auch für die anderen Formen von schriftlichen Äußerungen des Kirchenoberhaupts. Wenn er etwa die Ergebnisse einer Bischofssynode in einem Apostolischen Schreiben zusammenfasst. Der Adressatenkreis entspricht hier dem einer Enzyklika. Nur wird der Inhalt nicht in solch feierlicher Form verkündet, wie das bei der Enzyklika der Fall ist. Mit der Apostolischen Konstitution wird ein bestimmter Sachverhalt des Kirchenrechts geregelt. So hat Papst Johannes Paul II. mit der Apostolischen Konstitution »Pastor bonus« 1988 die letzte große Kurienform verfügt, mit der Konstitution »Universi dominici gregis« von 1996 die Papstwahl geregelt. Mit einem Motu proprio (lat. aus eigenem Antrieb) gibt der Papst eine kirchenrechtliche oder administrative Entscheidung bekannt. Die Änderungen über den Gebrauch des außerordentlichen Ritus bei der Feier der Heiligen Messe vom 7. Juli 2007 wurden in Form eines Motu proprio veröffentlicht. Die Vatikanische Instruktion ist kein päpstliches Schreiben. Sie wird von einer oder mehreren Kurienbehörden mit ausdrücklicher Billigung des Pontifex veröffentlicht.

Die Enzykliken und Apostolischen Schreiben stammen in den wenigsten Fällen allein nur aus

Apostolisches Schreiben

Apostolische Konstitution

Motu proprio

Vatikanische Instruktion

der Feder des Papstes. Experten arbeiten Entwürfe aus nach den Grundlinien, die der Pontifex vorgibt. Der Papst fügt eigene Gedanken ein oder verwirft ganze Vorlagen, so dass die Experten wieder von vorne mit der Arbeit beginnen. Dabei greift er sowohl auf den Sachverstand der Kurienbehörden als auch auf externe Fachleute zurück. In der Regel vergehen Monate, oft sogar Jahre, bis ein Schreiben das Licht der Öffentlichkeit erblickt.

> **Die Enzyklika »Humanae vitae« von Johannes Paul II. soll bereits Anfang 1993 fertig gewesen sein und eigentlich zum 25. Jahrestag der Enzyklika »Evangelium vitae« zu Pfingsten 1993 veröffentlicht werden.**
> **Doch sie wurde über zwei Jahre zurückgehalten und kam schließlich 1995 heraus.**
> **Bei der Enzyklika »Deus caritas est« von Benedikt XVI. war der zweite Teil in Grundzügen schon unter Papst Johannes Paul II. geschrieben worden. Der deutsche Pontifex, der an dieser ersten Version noch als Präfekt der Glaubenskongregation bereits mitgearbeitet hatte, holte sie wieder aus der Schublade, versah sie mit einem eigenen ersten Teil und veröffentlichte sie im Januar 2006.**

Oft sind Verzögerungen auch ein Indiz dafür, dass die Inhalte eines Dokuments umstritten sind. Dadurch, dass eine ganze Reihe von Fachleuten an der Ausarbeitung beteiligt ist, ist das Endprodukt das Ergebnis eines nicht öffentlichen Diskussionsprozesses. Die jüngste Enzyklika Papst Benedikt XVI. »Spe salvi – über die christliche Hoffnung« stellt eine Ausnahme dar. Sie ist komplett vom Professorenpapst geschrieben und entstand in einem sehr kurzen Zeitraum von wenigen Monaten. Sie überholte damit sogar noch das päpstliche Lehrschreiben über die Globalisierung, an dem die Fachleute schon seit 2006 arbeiten.

Rolle der Dikasterien In den einzelnen Dikasterien der Kurie werden Entscheidungen des Papstes vorbereitet und Dokumente ausgearbeitet, die dann mit seiner Zustimmung veröffentlicht werden. Die Dikasterien nehmen darüber hinaus auch die ihnen übertragenen Aufgaben im Namen des Pontifex und in seiner Autorität wahr. Die Leiter der verschiedenen Behörden treffen sich regelmäßig mit dem Papst, um über die anstehenden Aufgaben und Probleme zu beraten. Mehrmals die Woche gibt es Gespräche mit dem Kardinalstaatssekretär, dem Substituten (Innenminister) oder dem Außenminister. Stehen drängende Fragen an, kann der Pontifex die Präfekten und Präsidenten zu einer Art Kabinettssitzung zusammenrufen. Allerdings gibt es solche Treffen nur selten. Für die ersten zweieinhalb Jahre des Pontifikats Benedikt XVI. sind vier Fälle bekannt. Davon entfielen drei Treffen auf das Jahr 2006 und nur eines auf 2007. Auf der Tagesordnung standen Themen wie das Pflichtzölibat, die Situation der Kirche in Lateinamerika und die Beziehungen zu den Anhängern des verstorbenen Erzbischofs Marcel Lefebvre.

Zu den wichtigsten Entscheidungen des Papstes gehören die Bischofsernennungen. Weltweit gibt es rund 4700 Diözesan- und Weihbischöfe. Pro Jahr erfolgen etwa 200 Ernennungen. Die Bischofskongregation und im Falle der Missionsländer die Kongregation für die Evangelisierung der Völker bereiten die Ernennungen vor. Wird ein Bischofsstuhl vakant, erbittet der Nuntius vor Ort beim betreffenden Domkapitel sowie bei den (Erz-)Bischöfen der Kirchenprovinz und dem Vorsitzenden der Bischofskonferenz Listen mit geeigneten Kandidaten. Über die Kandidaten führt er einen Informativprozess durch, indem er Laien und Kleriker geheim über die jeweilige Person befragt. Die Ergebnisse gibt er zusammen mit seinem Votum, das eine Dreierliste der aus seiner Sicht am besten geeigneten Kandidaten enthält, nach Rom an die zuständige Kongregation. Die prüft nun die Unterlagen. Es gehen Anfragen an verschiedene andere Kurienbehörden, ob gegen den Kandidaten etwas vorliegt: an die Kongregation für die Glaubenslehre, die Kleruskongregation und an das Staatssekretariat, im Falle eines Ordensmanns auch an die Ordenskongregation bzw. bei einem Seminarleiter an die Bildungskongregation. Anschließend werden das Votum des Nuntius und das Ergebnis der Prüfung in der Vollversammlung der Kongregation diskutiert und eine abschließende Dreierliste aufgestellt. Diese geht mit allen Unterlagen dem Papst zu. Der ist bei der Ernennung frei. Einzige Ausnahme sind die Länder, in denen es durch Konkordate andere Regelungen gibt. Das ist im deutschen Sprachraum der Fall. Bei den

Ernennung von Bischöfen

Bistümern im Bereich des preußischen Konkordats etwa geht die Dreierliste nach der Billigung durch das Kirchenoberhaupt an das jeweilige Domkapitel zur Wahl. Diese muss dann wiederum vom Papst bestätigt werden; erst dann ist der Kandidat ernannt.

Beim Tagesgeschäft stehen dem Papst in der Regel die Kurienbehörden und einige ausgewählte Experten beratend zur Seite. Bei Fragen eher grundsätzlicher Art kann der Pontifex neben den Dikasterien auf das Kardinalskollegium und die Bischofssynode zurückgreifen. Er könnte auch ein Konzil einberufen.

»Senat der Kirche« Das Kardinalskollegium besteht aus Bischöfen und Theologen, die vom Papst berufen werden. Im »Senat der Kirche«, wie das Gremium auch genannt wird, sind die meisten Kurienchefs vertreten, daneben die Diözesanbischöfe der wichtigsten Metropolen rund um den Globus. Zurzeit gibt es rund zweihundert Kardinäle. Die unter 80-Jährigen ziehen ins Konklave ein und wählen den Papst. Im Verlauf des 20. Jahrhunderts wurde das Kardinalskollegium immer mehr internationalisiert. Während bei der Wahl Benedikt XV. 1914 noch 55 von 57 Kardinälen aus Europa kamen, waren es bei der Wahl Benedikt XVI. 2005 nur noch die Hälfte der 115 Wähler. Allerdings spiegelt die Verteilung der Kardinäle nach Kontinenten längst nicht die Zahl der jeweiligen Gläubigen wieder. Europa und Nordamerika stellen aktuell 63 Prozent der Papstwähler, obwohl die Mehrheit der Katholiken mittlerweile in Afrika, Asien und

Südamerika lebt. Neben der Wahl des Papstes ist die wichtigste Aufgabe der Kardinäle, den Pontifex bei der Ausübung seines Amtes zu unterstützen und zu beraten. Dazu kann er sie einzeln oder in Gruppen nach Rom berufen. Allerdings ist es selten, dass alle Kardinäle zu einem »Konsistorium« in Rom zusammenkommen. Meist ist dies nur der Fall, wenn neue Mitglieder ins Kardinalskollegium aufgenommen werden. Papst Benedikt XVI. hat die Purpurträger zweimal im Abstand von eineinhalb Jahren im Vorfeld eines solchen Ereignisses zu einem Reflexionstag über die wichtigsten Probleme der Kirche gebeten. Allerdings hat sich gezeigt, dass bisher das Instrumentarium fehlt, um solche Beratungen effektiv zu gestalten. Beide Male konnten die Kardinäle je für fünf Minuten frei über ein Thema ihrer Wahl sprechen. Dadurch hat der Papst sicherlich viel über die Situation in den verschiedenen Ortskirchen rund um den Globus erfahren; eine Diskussion über ein konkretes Thema kam dabei aber nicht zustande.

Ähnliche Kritik wird an den Bischofssynoden laut. Sie sind das zweite kollegiale Gremium, das den obersten Hirten der Kirche in der Ausübung seiner Aufgabe unterstützt. Seit dem II. Vatikanischen Konzil finden regelmäßig alle drei Jahre Ordentliche Bischofssynoden statt; dazwischen gibt es auch Außerordentliche Synoden, etwa zur Situation der Kirche auf den einzelnen Kontinenten. Der Papst gibt das Thema der Synode vor; die Bischofskonferenzen in aller Welt benennen Vertreter, die der Pontifex dann zusammen mit

Bischofssynoden

weiteren Experten seiner Wahl zur Teilnahme beruft. Die Synode selbst hat keine Kompetenz, Beschlüsse zu fassen. Sie legt die Ergebnisse der Beratungen dem Kirchenoberhaupt vor. Dieser ist dann frei, zu entscheiden, wie diese in das nachsynodale Schreiben einfließen. Die Bischofssynode tagt in der Regel über drei bis vier Wochen im Vatikan. Neben Kurzreferaten der rund zweihundert Teilnehmer im Plenum gibt es eine Phase der Arbeit und Diskussion in Kleingruppen. Allerdings ist das Thema der Synoden oft so weit gefasst, dass es schwierig ist, konkrete Fragen zu diskutieren. Vielmehr geht es oft nur um eher grundsätzliche Linien, zu denen am Ende die Synodalen Voten abgeben. So lautet das Thema der 12. ordentlichen Bischofssynode im Oktober 2008: »Das Wort Gottes im Leben und in der Sendung der Kirche«.

»Der Papst kann nicht zurücktreten«

Was passiert, wenn es keinen Papst gibt

Der Papst wird auf Lebenszeit gewählt. Er kann aber auch zurücktreten. Wird der Stuhl Petri durch Tod oder Amtsverzicht eines Pontifex frei (vakant), beginnt die meist mehrere Wochen andauernde Zeit der »Sedisvakanz«. Die Kardinäle übernehmen das Zepter und bereiten die Neuwahl vor. Papst Johannes Paul II. hat in der Apostolischen Konstitution »Universi dominici gregis« von 1996 genau festgelegt, wie das Prozedere in dieser Zeit ist. Papst Benedikt XVI. hat die Konstitution mit einer kleinen Änderung beim Wahlmodus im Konklave bestätigt. Für die Zeit der Sedisvakanz gibt es ein eigenes Wappen.

Sedisvakanz

**Wappen
Sedisvakanz**

Ist der Papst tot, liegt das Geschick der Kirche in der Hand der Kardinäle. Besondere Rollen kommen dem Camerlengo und dem Dekan des Kardinalskollegiums zu. Offiziell stellt der Camerlengo den Tod des Pontifex fest. Dazu begibt er sich ans Sterbebett, spricht den Verstorbenen drei Mal mit seinem Taufnahmen an und stellt dann fest: »Vere, sanctus pater mortuus est.« (Wahrhaftig, der Heilige Vater ist tot.) Das elfenbeinerne oder silberne Hämmerchen, mit dem einst der Camerlengo dem Verstorbenen dreimal auf die Stirn klopfte, wird heutzutage nicht mehr benutzt. Der Camerlengo zieht dem verstorbenen Papst den

Tod des Papstes

Fischerring vom Finger und verwahrt ihn zusammen mit dem Bleisiegel, bis beide in einer der ersten Sitzungen der Kardinalskongregationen zerbrochen werden. Dann stellt er die Todesurkunde aus und versiegelt das Arbeitszimmer sowie die Privatgemächer des verstorbenen Papstes. Der Leichnam wird gewaschen, einbalsamiert und mit den liturgischen Gewändern bekleidet. Erst dann dürfen mit Genehmigung des Camerlengo Aufnahmen des Toten gemacht werden. Der Camerlengo informiert den Dekan des Kardinalskollegiums und den Kardinalvikar von Rom. Diesem obliegt es, der Bevölkerung den Tod bekannt zu geben.

> **Beim Tod von Johannes Paul II.** wurde allerdings deutlich, dass die Praxis von den eigentlichen Vorschriften abweicht. Auf dem Petersplatz verkündete am 2. April 2005 der Substitut die Nachricht vom Ableben des Papstes; der Ritus der Todesfeststellung durch den Camerlengo fand nicht direkt am Samstagabend, sondern erst am Sonntagmorgen statt.

Mit dem Tod des Papstes treten alle Präfekten der Kongregationen, Präsidenten der Päpstlichen Räte und die Leiter der sonstigen Dikasterien – auch der Kardinalstaatssekretär – von ihren Ämtern zurück. Ausgenommen sind unter anderem der Camerlengo, der Großpönitentiar, der Substitut und der Außenminister sowie die Sekretäre und Untersekretäre der Dikasterien. Nach Be-

kanntwerden des Todes sind alle Kardinäle aufgerufen, möglichst umgehend nach Rom zu kommen. Die Leitung der Kirche geht auf das Kardinalskollegium über. Dieses trifft sich bis zum
Konklave täglich zu den so genannten Kardinalskongregationen. Hier wird auch festgelegt, wann
der Leichnam des Papstes in den Petersdom über-
führt wird zur Verehrung durch die Gläubigen,
wann die neuntägige Trauerzeit beginnt und
wann die Beerdigung stattfindet, möglichst zwischen dem vierten und sechsten Tag nach dem
Tod. Außerdem bereiten die Kardinäle das Konklave vor und legen den Zeitpunkt des Beginns
fest – frühestens 15, spätestens 20 Tage nach
dem Tod. Die Kardinalskongregationen werden
vom Kardinaldekan geleitet.

Der steht auch dem Konklave vor. Am Vormittag **Konklave**
des ersten Tages findet ein feierlicher Gottesdienst im Petersdom statt. Am Nachmittag ziehen alle Kardinäle, die am Tag vor dem Tod des
Papstes das 80. Lebensjahr noch nicht vollendet
hatten, in die Sixtinische Kapelle ein. Das Konklave beginnt. Am ersten Tag kann noch ein
Wahlgang stattfinden; an den darauf folgenden
Tagen finden am Vormittag und am Nachmittag
jeweils zwei Wahlgänge statt. Nach dem dritten
Wahltag, also nach dem 13. Wahlgang, ist ein Tag
des Gebets und der Reflexion vorgesehen. Gewählt ist, wer zwei Drittel der Stimmen auf sich
vereinigt.

Jeder Wähler bekommt einen Zettel mit der Auf- **Wahlmodalitäten**
schrift »Eligo in Summum Pontificiem« (Ich

wähle als Papst). Darunter schreibt er den Kandidaten seiner Wahl. Grundsätzlich ist jeder männliche Katholik, der nicht verheiratet und über 35 Jahre alt ist, wählbar. Der Wahlzettel wird zweimal gefaltet und von jedem Kardinal persönlich nach vorne zum Altar der Sixtinischen Kapelle gebracht. Wenn alle Kardinäle ihre Stimmzettel abgegeben haben und die Zahl der Zettel mit der Zahl der Kardinäle übereinstimmt, beginnt die Auszählung. Hat kein Kandidat die erforderliche Zweidrittelmehrheit erreicht, ist ein weiterer Wahlgang nötig. Beim ersten Urnengang gibt es noch die eine oder andere Höflichkeitsstimme. Meist zeichnet sich im zweiten Wahlgang bereits eine Tendenz ab. Die Stimmzettel werden in einem kleinen Ofen verbrannt, der eigens für das Konklave in der Sixtinischen Kapelle aufgestellt wird. Dem Feuer werden chemische Substanzen zugesetzt, damit deutlich zu erkennen ist, ob es sich um schwarzen Rauch im Falle eines erfolglosen Wahlgangs oder weißen Rauch nach erfolgter Wahl handelt.

Geheimhaltung Die Vorgänge im Konklave unterliegen strengster Geheimhaltung. Die Kardinäle legen zu Beginn einen entsprechenden Eid ab. Nur der Papst darf von dieser Pflicht entbinden. Wer trotzdem über Interna spricht, dem droht die Exkommunikation. Der Kontakt mit der Außenwelt ist untersagt; die Sixtinische Kapelle und das knapp 1,5 Kilometer entfernte vatikanische Gästehaus Santa Marta, wo die Kardinäle während des Konklaves untergebracht sind, werden von Experten abhörsicher abgeschirmt. Trotzdem gelangen im-

mer wieder Informationen über den Abstim-
mungsverlauf an die Öffentlichkeit.

**Johannes Paul II. wurde in einem zweitäti-
gen Konklave am 16. Oktober 1978 im ach-
ten Wahlgang mit 99 von 111 Stimmen gewählt. Sein Vorgänger, Johannes Paul I.,
hatte nach nur einem Tag am 26. August
1978 im vierten Wahlgang 101 von 111 Stimmen auf sich vereinigt. Benedikt XVI. wurde
ebenfalls im vierten Wahlgang gewählt.
Schon von Anfang an soll Joseph Ratzinger
sehr viele der 115 Stimmen auf sich vereinigt haben. Der argentinische Kardinal Jorge
Bergoglio soll Indiskretionen zufolge der
Kandidat mit den nächst meisten Stimmen
(ca. 40 im ersten Wahlgang) gewesen sein.**

Hat ein Kandidat die notwendige Zweidrittelmehrheit erreicht, fragt ihn der Kardinaldekan,
ob er die Wahl annimmt. Bejaht der Gewählte,
fragt der Kardinaldekan, welchen Namen er an-
nehmen möchte. Seit dem 10. Jahrhundert ist es
üblich, dass sich die Päpste nach der Wahl einen
neuen Namen geben. Das hatte praktische
Gründe, wenn der Geburtsname als Papstname
nicht angemessen schien. So nannte sich Octa-
vian nach seiner Wahl 955 Johannes II., weil er
den Namen eines heidnischen Gottes oder Kaisers auf dem Papstthron vermeiden wollte. Petrus Canepanova wollte nach seiner Wahl 983
nicht den Namen Petrus II. nach dem Apostel an-
nehmen und nannte sich daher Johannes XIV.

Namensänderung

Mit der Namensänderung soll auch zum Ausdruck gebracht werden, dass der Kandidat mit der Erhebung auf den Stuhl Petri »ein neuer Mensch« wird. Mit der Wahl des Namens drückt der neue Pontifex seine Verbundenheit mit den Päpsten aus, die diesen vor ihm getragen haben. Benedikt XVI. bezieht sich auf den heiligen Benedikt von Nursia, der mit seinem Orden die abendländische Geistesgeschichte entscheidend geprägt hat, und auf Papst Benedikt XV., der Anfang des 20. Jahrhunderts mit mehreren Friedensinitiativen den Ersten Weltkrieg (erfolglos) zu verhindern suchte.

»Habemus Papam« Ist der neue Papst bereits Bischof, so übernimmt er sofort sein Amt. Wenn dies nicht der Fall ist, weiht ihn der Kardinaldekan zum Bischof; mit dem Weiheakt wird er zugleich Papst. Der neue Pontifex zieht sich dann in einen kleinen Raum zurück, der an die Sixtinische Kapelle angrenzt, in den so genannten »Raum der Tränen«. Woher die Bezeichnung kommt, ist nicht eindeutig geklärt. Möglicherweise ist er Ausdruck dafür, dass der neu gewählte Papst hier in einem Moment der Stille mit seinem bisherigen Leben abschließt und ein neues beginnt. Er legt dann eine der weißen Soutanen an, die in drei Größen bereitliegen. Danach begibt er sich zurück in die Sixtinische Kapelle, um die Huldigung und Gehorsamsversprechen der Kardinäle entgegenzunehmen. Erst jetzt werden die Stimmzettel verbrannt und weißer Rauch steigt aus dem Kamin der Sixtinischen Kapelle auf. Die Glocken von Sankt Peter läuten, der Kardinalprotodiakon verkündet von der Mittelloggia des Petersdoms mit den Worten »Habemus Papam« den Namen des neuen Papstes. Der zeigt sich dann ebenfalls von der Mittelloggia zum ersten Mal den Gläubigen und spendet nach einer kurzen Ansprache den feierlichen Segen »urbi et orbi – der Stadt und dem Erdkreis«.

Die offizielle Amtseinführung – früher auch Inthronisation genannt – findet wenige Tage nach der Wahl im Rahmen eines feierlichen Gottesdienstes auf dem Petersplatz statt. Dabei werden dem neuen Papst der Fischerring und das Pallium übergeben. Sie gehören zu den päpstlichen Insignien. Der Fischerring ist der Amtsring des Papstes. Neben seinem Namen trägt er das Bild des Petrus, wie er das Fischernetz in einen Kahn zieht (vgl. Mt 4,18f). Das Pallium ist eine Art Wollstola und wurde in der Alten Kirche aus dem staatlichen Bereich als Hoheitszeichen übernommen. Zu den Insignien zählen weiter der Papstthron, die Tiara, besondere päpstliche Gewänder und der päpstliche Hirtenstab (Ferula). Dieser ist am oberen Ende nicht wie bei Bischöfen gebogen, sondern läuft gerade in einem Kreuz aus. Der neue Papst gibt sich auch ein Wappen. Es besteht aus der Tiara und den zwei gekreuzten Schlüsseln. Auf der Schnittfläche der Schlüssel ist das persönliche Wappenschild des jeweiligen Papstes zu sehen. Benedikt XVI. hat die Tiara durch die Mitra, die Bischofsmütze, ersetzt und

**Wappen
Benedikts XVI.**

das Pallium in das Wappen eingefügt. Er wollte damit die Einbindung des Papstes in das Bischofskollegium besser zum Ausdruck bringen. Zudem hat bereits Paul VI. die Tiara als »Papstkrone« abgelegt. Im Wappen Benedikt XVI. sind der Freisinger Mohr und der Korbiniansbär abgebildet in Erinnerung an das Erzbistum München und Freising, dem Joseph Ratzinger von 1977 bis 1981 als Erzbischof vorstand. Die Jakobsmuschel symbolisiert das Leben des Christen als Pilgerschaft zu Gott; aber verweist auch auf den heiligen Augustinus, den Ratzinger sehr verehrt, für den die Muschel die Unerschöpflichkeit Gottes zum Ausdruck bringt. Die Jakobsmuschel erinnert zudem an die Regensburger Zeit Benedikt XVI. als Universitätsprofessor (1969–1977). Die Kirche des dortigen Priesterseminars ist dem heiligen Jakobus geweiht.

Amtsverzicht Das Kirchenrecht sieht die Möglichkeit des Amtsverzichts durch den Papst vor. Im Can. 332 § 2 heißt es: »Zur Gültigkeit ist verlangt, dass der Verzicht frei geschieht und hinreichend kundgemacht, nicht jedoch, dass er von irgendwem angenommen wird.« In der Kirchengeschichte kam es höchst selten vor, dass ein Pontifex zu Lebzeiten aus dem Amt geschieden ist. Der bekannteste ist Papst Coelestin V. Er trat im Dezember 1294 nach nur fünf Monaten im Amt zurück, weil sich der einfache Mönch mit der Aufgabe überfordert sah. Unklar ist, ob Coelestin zur Abdankung gedrängt wurde. Außer ihm gab es noch eine Reihe weiterer Päpste, die mehr oder weniger freiwillig abdankten: 235 trat Pontianus, der während der

Christenverfolgung inhaftiert worden war, nach fünfjähriger Amtszeit in Gefangenschaft zurück. Silverius (536–537) wurde des Hochverrats angeklagt und zum Amtsverzicht gezwungen. Papst Johannes XVIII. zog sich kurz vor seinem Tod als Mönch in das Kloster bei Sankt Paul vor den Mauern zurück. Es ist nicht eindeutig geklärt, ob er abdankte. Benedikt IX. verzichtete 1045 gegen eine Geldabfindung auf den Stuhl Petri, kam dann aber zwei Jahre später noch einmal für einige Monate ins Amt zurück. Gregor XII. war der letzte Papst, der freiwillig aus dem Amt geschieden ist. Er regierte in der Zeit des Abendländischen Schismas. Bei seiner Wahl hatte er zugesagt, zurückzutreten, wenn das Schisma damit beendet werden könnte. Als auf dem Konzil von Konstanz 1415 eine Lösung gefunden wurde, trat Gregor XII. zurück.

Abendländisches Schisma: Zeitspanne zwischen 1378 und 1417, als zwei – später drei – Päpste gleichzeitig Anspruch darauf erhoben, legitimes Oberhaupt der katholischen Kirche zu sein

Ein Rücktritt ist also grundsätzlich möglich. Mehrere Päpste der jüngeren Vergangenheit, darunter Paul VI. und auch Johannes Paul II., hatten einen Amtsverzicht in Erwägung gezogen, sich aber dann dagegen entschieden. Das große Problem ist, dass es bisher keine Regelungen gibt, wie sich der zurückgetretene Papst verhalten kann oder soll. Es gibt viele offene Fragen: Wenn der Zurückgetretene unter achtzig ist, könnte er am Konklave teilnehmen und würde damit über seinen Nachfolger mitbestimmen. Auf jeden Fall könnte er an den Kardinalskongregationen teil-

Probleme eines Amtsverzichts

nehmen, die zwischen Rücktritt und Konklave täglich stattfinden. Eine freie Aussprache unter den Kardinälen in Anwesenheit des alten Papstes ist schwer vorstellbar. Im schlimmsten Fall könnte es zu einem Schisma kommen, wenn einer Gruppe von Gläubigen Entscheidungen des neuen Papstes missfallen und sie sich an den Altbischof von Rom wenden. Ergebnis des Rücktritts kann es auch nicht sein, dass sich dieser in ein Kloster zurückzieht und fortan schweigt. Hier gibt es dringenden Handlungsbedarf für den Papst, um entsprechende Verfahrensregeln aufzustellen. Das gilt auch für den Fall, den das Kirchenrecht im Can. 335 mit der »völligen Behinderung des römischen Bischofsstuhls« anspricht. Über dem Papst gibt es keine höhere Instanz. Es ist daher nicht geklärt, was mit der »völligen Behinderung« gemeint ist und wer diese feststellt.

Behinderung des römischen Bischofsstuhls Kirchenrechtler verweisen auf einen entsprechenden Kanon zur »Behinderung« eines Diözesanbischofs (Can. 412): »Der bischöfliche Stuhl gilt als behindert, wenn der Diözesanbischof wegen Gefangenschaft, Ausweisung, Exil oder Unfähigkeit an der Wahrnehmung seines Hirtendienstes gehindert wird, so dass er nicht einmal in der Lage ist, schriftlich mit den Diözesanen in Verbindung zu treten.« Solange der Papst also noch schreiben und mit seiner Unterschrift Rechtsakte setzen kann, wäre der römische Bischofsstuhl nicht behindert. Wenn aber auch das nicht mehr möglich ist, beginnt wieder eine Grauzone. Was wäre, wenn der Papst ins Koma fiele? Was, wenn er nach mehreren Wochen oder Monaten wieder daraus erwachte? Bei Johannes Paul II. wurde lange Zeit spekuliert, er habe eine entsprechende Erklärung vorbereitet, in der er seinen Rücktritt für den Fall erklärt, dass er sein Amt nicht mehr ausüben kann. Unabhängig davon, ob es dieses Papier wirklich gab, bleibt die Frage offen, wer über den Zeitpunkt der Veröffentlichung und damit den Rücktritt entscheidet, wenn der Papst handlungsunfähig ist.

»Der Papst lebt abgeschottet«

Der Alltag im Apostolischen Palast

Der Papst und seine Mitbewohner

Der Terminkalender ist bis zum Rand gefüllt. Täglich kommen Hunderte von Briefen und E-Mails. Wichtige Entscheidungen für die Zukunft der Kirche müssen getroffen werden. Papst Benedikt XVI., Oberhaupt von über einer Milliarde Katholiken, ist ein gefragter Mann. Ein kleiner Mitarbeiterstab in seinem engsten Umfeld sorgt dafür, dass ihn die Last des Amtes nicht erdrückt. Benedikt XVI. muss mit seinen Kräften haushalten. Daher hat er von Anfang an einen eigenen Stil geprägt und mehr Ruhe in den Tagesablauf gebracht. Es gibt weniger öffentliche Termine; dafür nimmt er sich mehr Zeit für das Aktenstudium. Unterstützt wird er dabei von den »Mitbewohnern« der Päpstlichen Wohnung. Dazu gehören die beiden Privatsekretäre, der Deutsche Georg Gänswein, der schon in Ratzingers Zeit als Präfekt der Glaubenskongregation diese Aufgabe wahrgenommen hat, und Alfred Xuereb. Der aus Malta stammende Kurienprälat ist seit Mitte September 2007 im Amt und war zuvor im Vatikanischen Staatssekretariat tätig. Den Haushalt organisieren der Kammerherr Paolo Gabriele und vier Damen, die der geistlichen Gemeinschaft Comunione e Liberazione angehören.

Die Privatsekretäre und die vier Damen wohnen eine Etage über der Papstwohnung. Dort steht auch für Georg Ratzinger immer ein Zimmer bereit, damit er seinen Bruder Joseph im Vatikan besuchen kann. Ingrid Stampa, die früher den Haushalt Joseph Ratzingers geführt hat, gehört zwar nicht direkt zur Päpstlichen Familie, kümmert sich aber nach wir vor um wichtige Aufgaben, wie etwa die Herausgabe oder Übersetzung seiner Texte und Bücher. Auch die langjährige Sekretärin aus der Glaubenskongregation, die Schönstatt-Schwester Barbara Wansing, arbeitet im Apostolischen Palast weiter für Joseph Ratzinger. Die Präfektur des Päpstlichen Hauses sorgt für einen reibungslosen Tagesablauf und organisiert die Audienzen. Wer eine persönliche Begegnung mit dem Papst wünscht, muss sich an den Präfekten des Päpstlichen Hauses, den US-Erzbischof James M. Harvey wenden.

Der Tag beginnt früh im Päpstlichen Appartement im dritten Stock des Apostolischen Palasts. Um sieben Uhr feiert Benedikt XVI. die Heilige Messe in der Privatkapelle. Anders als bei seinem Vorgänger sind meist keine Gäste anwesend, sondern nur die engsten Mitarbeiter: Kammerherr, die vier Frauen, die den Haushalt führen, und die beiden Privatsekretäre. Nach dem Frühstück beginnt die Arbeit. Presseschau, Korrespondenz und Personalien stehen auf der Tagesordnung. Benedikt XVI. unterzeichnet die Urkunden zur Ernennung neuer Bischöfe und bereitet sich auf die Audienzen vor, die gegen 11 Uhr beginnen. Dazu verlässt er seine Wohnung und begibt sich im Apostolischen Palast eine Etage tiefer. Die Audienzen finden in der »Seconda Loggia« statt. Der deutsche Pontifex hat deren Anzahl stark re-

Tagesablauf des Papstes: der Vormittag

duziert. Bei Politikern empfängt er nur Staatsprä-
sidenten, Regierungschefs und Leiter wichtiger
internationaler Organisationen. Dafür nimmt
sich Benedikt viel Zeit für Treffen mit den Bischöfen aus aller Welt. Diese müssen alle fünf
Jahre zur Berichterstattung in den Vatikan kommen. Im Rahmen dieser »ad-Limina«-Besuche
spricht der Papst mit jedem Bischof. Meist dauert
eine Audienz 15 bis 20 Minuten. Geht die Unter-
redung länger, ist das ein Zeichen besonderer
Wertschätzung oder besonderen Gesprächsbe-
darfs.

Generalaudienz Am Dienstagvormittag gibt es in der Regel keine
Audienzen – der Papst bereitet sich auf die wö-
chentliche Generalaudienz am Mittwoch vor.
Dann erwarten mehrere Tausend Menschen den
Pontifex auf dem Petersplatz oder in der Vatikanischen Audienzhalle. Mit dem offenen Jeep
fährt Benedikt XVI. über den Platz und lässt sich
von der jubelnden Menge feiern, einer der wenigen öffentlichen Auftritte des deutschen Pontifex. Zum Mittagessen zieht sich Benedikt XVI.
wieder in seine Wohnung zurück. Anders als Johannes Paul II. bevorzugt Joseph Ratzinger den
Austausch im kleinen Kreis. Er speist mit seinen
engsten Mitarbeitern und wenigen Gästen. Im
Anschluss folgt die Mittagspause, meist mit einem kurzen Spaziergang. Wenn es möglich ist,
nutzt Benedikt XVI. dafür die Vatikanischen Gärten, die dann für das Publikum und Vatikanmit-
arbeiter gesperrt werden. Bleibt wenig Zeit, geht
der Papst auf dem Dachgarten des Apostolischen
Palasts spazieren.

Am Nachmittag kehrt Benedikt wieder an den Schreibtisch zurück. Er bereitet Reden vor, studiert Akten und beantwortet die Post. Ab 17 Uhr kommen die führenden Kurienchefs zur Besprechung. Mehrmals die Woche trifft er Kardinalstaatssekretär Tarcisio Bertone. Der zweite Mann im Staat gehört zu den engsten Vertrauten Benedikts. Beide haben schon in der Glaubenskongregation lange miteinander gearbeitet. Zusammen mit dem deutschen Pontifex bestimmt Bertone die Grundlinien der vatikanischen Politik. Regelmäßige Termine haben außerdem der vatikanische Innen- und der Außenminister sowie die Chefs der Glaubenskongregation und der Bischofskongregation. Mit Letzterem bespricht der Papst anstehende Bischofsernennungen. Die anderen führenden Kurienmitarbeiter erhalten Audienzen je nach Bedarf.

Der Nachmittag

Am Abend schaut sich der Papst gelegentlich im Wohnzimmer zusammen mit seinen Sekretären die Nachrichten im Fernsehen an. Oft kommen alte Bekannte und Freunde zum Abendessen. Meist aber zieht sich der Pontifex auch am Abend noch einmal zum Lesen und Arbeiten zurück. Dann brennt noch lange Licht im Apostolischen Palast. Erst gegen 23 Uhr geht ein anstrengender Arbeitstag zu Ende.

Der Abend

Urlaub macht der Papst meist im Juli für knapp drei Wochen in den Bergen in Norditalien. Auch in dieser Zeit sieht man Papst Benedikt XVI. meistens am Schreibtisch sitzen. 2005 und 2006 schrieb er an seinem Jesusbuch. 2007 nutzte er

Urlaub

den Sommerurlaub für die Arbeit an seiner Enzyklika über die Hoffnung. Direkt nach dem Urlaub begibt sich der Pontifex in die päpstliche Sommerresidenz in Castel Gandolfo, etwa dreißig Kilometer südöstlich von Rom in den Albaner Bergen. Dort bleib er bis Ende September. In der Regel gibt es im August keine Audienztermine. Erst Anfang September nimmt der Papst den normalen Arbeitsrhythmus wieder auf. Für die wöchentlichen Generalaudienzen fliegt er mit dem Hubschrauber am Mittwochvormittag für einige Stunden in den Vatikan. Das sonntägliche Mittagsgebet, das der Papst normalerweise vom Fenster seines Arbeitszimmers im Apostolischen Palast mit den Gläubigen auf dem Petersplatz spricht, findet in den Sommermonaten im Innenhof des Palasts in Castel Gandolfo statt. Gelegentlich zieht sich der Pontifex auch nach Ostern und Weihnachten für einige Tage zur Erholung in die Albaner Berge zurück.

Sommerresidenz Castelgandolfo

Der Global Player

»Der Vatikan ist ein Bremsklotz in der Ökumene«

Wie der Heilige Stuhl die Einheit der Christen sucht

In kaum einem Land wird die Spaltung des Christentums in verschiedene Kirchen so konkret erlebbar wie in Deutschland. Katholische und evangelische Kirche haben jeweils rund 25 Millionen Mitglieder. Viele Gläubige wünschen sich das gemeinsame Abendmahl. Während die evangelische Kirche diesem Wunsch offen gegenübersteht, lehnt die katholische Kirche dies kategorisch ab. Damit sind der Papst und seine Gefolgsleute für viele Menschen die eigentlichen Bremser auf dem Weg hin zur Einheit der Konfessionen.

Unabhängig von der Frage des Abendmahls wurden in den vergangenen Jahrzehnten seit dem II. Vatikanischen Konzil große Fortschritte in der Ökumene erzielt. Papst Johannes Paul II. hatte den Dialog mit den anderen christlichen Konfessionen forciert. In seine Amtszeit fielen eine

Fortschritte in der Ökumene

Reihe positiver Entwicklungen wie etwa die Unterzeichnung der Gemeinsamen Erklärung zur Rechtfertigung im Jahr 1999 und die Entspannung des Verhältnisses zu vielen orthodoxen Kirchen. Papst Benedikt XVI. sieht sich in dieser Tradition. Er erklärte nach der Wahl, dass in Bezug auf die Ökumene nicht mehr Worte, sondern konkrete Gesten notwendig seien. Das stimmte hoffnungsvoll; wie auch seine zahlreichen Begegnungen mit Vertretern der aus der Reformation hervorgegangenen Kirchen. Doch statt neuer Initiativen zur Förderung der Einheit erscheinen Dokumente wie das Papier über das Verständnis von Kirche vom Sommer 2007, das für große Enttäuschung gesorgt hat.

Einheitsrat Im Vatikan ist der Päpstliche Rat zur Förderung der Einheit der Christen – kurz Einheitsrat – für die Kontakte zu den anderen christlichen Kirchen und zu christlichen Gemeinschaften zuständig. Seine Gründung ist eng mit dem II. Vatikanischen Konzil verbunden. Papst Johannes XXIII. richtete am 5. Juni 1960 das Sekretariat zur Förderung der Einheit der Christen ein. Seine Aufgabe war, die anderen christlichen Kirchen als Beobachter zum Konzil einzuladen sowie an der Vorbereitung mehrerer Konzilstexte mitzuarbeiten – etwa dem Ökumenismusdekret (Unitatis redintegratio), den Dekreten über das Verhältnis zu den nicht-christlichen Religionen (Nostra aetate) und über die Religionsfreiheit (Dignitatis humanae). Nach dem Ende des Konzils bestätigte Papst Paul VI. das Einheitssekretariat als dauerhafte Einrichtung. Mit der Kurienreform durch

Papst Johannes Paul II. 1988 wurde das »Sekretariat« zum »Päpstlichen Rat«.

Der Einheitsrat versucht, innerhalb der katholischen Kirche den Geist der Ökumene zu fördern
und über die Ergebnisse der offiziellen Dialoge
mit den anderen christlichen Kirchen zu berich-
ten. Die Erfahrung zeigt, dass gerade diese Rezep-
tion der offiziellen Dialogergebnisse in den beteiligten Kirchen nicht einfach ist – auch innerhalb
der katholischen Kirche. Aus diesem Grund hat
der Einheitsrat im Jahr 1993 ein Ökumenisches
Direktorium herausgegeben. Darin werden die
Ergebnisse der ökumenischen Dialoge auf die
praktische Ebene des Gemeindelebens in den
Ortskirchen umgesetzt. Es zeigt, welche »Probleme« auf weltkirchlicher Ebene und welche auf
den unteren Ebenen gelöst werden können. So
liegt es zum Beispiel im Verantwortungsbereich
der Bischofskonferenzen, für konkrete Fälle des
Kommunionempfangs durch Nichtkatholiken –
etwa bei konfessionsverschiedenen Ehen – Richtlinien zu erlassen. Zwar lehnt der Vatikan eine
generelle Zulassung des gemeinsamen Abendmahls ab; doch bereits Papst Johannes Paul II. erklärte in der Enzyklika Ut unum sint, dass auch
Nichtkatholiken die Kommunion empfangen
können, wenn sie das katholische Verständnis
der Eucharistie teilen (vgl. Ut unum sint 46).

Der Einheitsrat hält regelmäßig Kontakt mit über
zwanzig Konfessionsfamilien, christlichen Kirchen
und Gemeinschaften. Mit den meisten steht er in einem theologischen Dialog, der zur Überwindung

**Probleme in der
Praxis**

der Trennung führen soll. Bei einigen wenigen handelt es sich um eher lose Kontaktgespräche.

Einheitsrat		
Sektion West		**Sektion Ost**
– Anglikanischer Weltbund – Lutherischer Weltbund – Reformierter Weltbund – Methodistischer Weltbund – Baptistischer Weltbund – Disciples of Christ – Pfingstler – Evangelikale – weitere Freikirchen – Altkatholiken	Ökumenischer Rat der Kirchen – gemeinsame Arbeitsgruppe – Kommission »Glaube und Kirchenverfassung)	Orthodoxe Kirchen – ökumenisches Patriarchat – russisch-orthodoxes Patriarchat – übrige orthodoxe Patriarchate Orientalisch-orthodoxe Kirchen – Kopten – Äthiopier – Syrer – Armenier – Assyrer

Gerade von Seiten der evangelikalen Gruppierungen und christlichen Gemeinschaften gibt es in den letzten Jahren verstärktes Interesse an Kontakten zum Vatikan. Grundsätzlich weist der Vatikan einen Gesprächswunsch nicht ab. Allerdings achtet er bei seinen Kontakten darauf, dass die Hierarchie eingehalten wird. Das bedeutet, dass er nicht mit einzelnen Gruppen einer bestimmten Kirche offizielle Gespräche beginnt, wenn es bereits auf einer oberen Ebene mit dieser Kirche Kontakte gibt.

Dialog mit den orthodoxen Kirchen

Im Dialog mit den orthodoxen Kirchen gibt es Fortschritte. So wurden etwa die Kontakte zur serbisch-orthodoxen Kirche oder zur orthodoxen Kirche Griechenlands intensiviert. Allerdings leidet der katholisch-orthodoxe Dialog an den Unstimmigkeiten innerhalb der Orthodoxie. Gerade das ungeklärte Verhältnis zwischen dem Ökumenischen Patriarchat von Konstantinopel und dem russisch-orthodoxen Patriarchat in Moskau erschwert den Dialog. Gespräche mit Orthodoxen sind für den Vatikan daher oft ein Drahtseilakt. Seit Herbst 2007 geht es im theologischen Dialog zwischen den beiden Partnern um das Papstamt. Hier zeichnen sich nach dem Treffen der gemeinsamen Dialogkommission im Oktober 2007 in Ravenna erste Fortschritte ab, denn die orthodoxen Kirchen haben erstmals ein Vorsteheramt für die Kirche auf universaler Ebene anerkannt. Bis allerdings genau definiert ist, wie dieses Amt, das nach gemeinsamer Auffassung von Ravenna im Bischof von Rom seinen Ausdruck findet, aussieht, werden noch Jahre vergehen.

Neben dem Papstamt gibt es noch weitere, zum Teil große Unterschiede zwischen Ost und West. Dazu gehören Themen wie die Religionsfreiheit und das Verhältnis von Staat und Kirche. Während für die Katholiken die Trennung von Staat und Kirche sowie die Freiheit der Religionsausübung außer Frage stehen, ist das nicht bei allen orthodoxen Kirchen selbstverständlich. Das führt zum Beispiel zu den Spannungen zwischen dem Vatikan und der russisch-orthodoxen Kirche. Die hängt noch stark dem Territorialprinzip an, das eine freie Religionsausübung, die den Übertritt von Orthodoxen zu anderen christlichen Kirchen und den Eintritt von Nichtchristen in die nicht-orthodoxe Kirche einschließt, nicht kennt.

Unterschiede zwischen Ost und West

Die Entspannung zwischen dem Vatikan und den orthodoxen Kirchen hat auch ganz pragmatische Ursachen. Die orthodoxen Kirchen sind aufgrund ihrer Tradition und ihres theologischen Verständnisses von Kirche territorial beschränkt. Diese Zersplitterung hat zur Folge, dass in einer zunehmend globalisierten Welt, mit wachsender Bedeutung internationaler Organisationen oder von Staatenverbünden wie der Europäischen Union, die Interessenvertretung einzelner »Landeskirchen« schwieriger wird. Hier hat die katholische Kirche als weltweit organisierte Kirche Vorteile. Entsprechend suchen die orthodoxen Kirchen eine enge Zusammenarbeit mit dem Vatikan auf dieser politischen Ebene. Ähnliches gilt etwa für die Situation der Christen im Heiligen Land. Der Heilige Stuhl kann über seine diplomatischen Kanäle anders mit Israel in Kontakt treten als die einzelnen orthodoxen Kirchen. Entsprechend werden die Verhandlungen zwischen Israel und dem Heiligen Stuhl über die rechtlichen und finanziellen Regelungen immer auch mit Blick auf die Auswirkungen auf die anderen christlichen Kirchen geführt.

Beziehungen zum Westen Das Gespräch mit den Kirchen des Westens gestaltet sich in den vergangenen Jahren zunehmend schwierig. Das hängt auch mit den internen Schwierigkeiten und Diskussionen in einigen Konfessionsfamilien zusammen. So ist das Gespräch mit der anglikanischen Weltgemeinschaft in den vergangenen Jahrzehnten sehr weit fortgeschritten. Allerdings ist durch die Entscheidung, Frauen zu Priesterinnen zu weihen, und die Überlegung, bald auch Bischöfinnen zu weihen, dieser Prozess ins Stocken geraten. Schwieriger als diese Fragen wiegen allerdings die inneranglikanischen Probleme. Seit der Weihe eines in einer homosexuellen Beziehung lebenden Priesters der US-amerikanischen Episkopalkirche im Jahr 2003 droht die anglikanische Weltgemeinschaft an der Frage der Bewertung und des Umgangs mit der Homosexualität zu zerbrechen. Die interne Diskussion lähmt die anglikanische Gemeinschaft seit Jahren. Der Dialog mit der katholischen Kirche ist bis zur endgültigen Entscheidung in diesen Fragen, die für den Sommer 2008 erwartet wird, ausgesetzt. Der Heilige Stuhl mischt sich in die innerkirchliche Diskussion nicht ein. Auf Anfrage der Anglikaner hat der Einheitsrat allerdings katholische Experten vermittelt, die bei der theologischen Aufarbeitung der Probleme behilflich waren.

In einer ähnlich schwierigen Situation befindet sich der Ökumenische Rat der Kirchen (ÖRK), auch Weltrat der Kirchen genannt. Seit einigen Jahren gibt es heftige Spannungen zwischen den orthodoxen Mitgliedskirchen einerseits und den protestantischen Kirchen andererseits. Das hängt an theologischen Differenzen etwa beim Amtsverständnis, wo die orthodoxen Kirchen die Ordination von Frauen strikt ablehnen. Zum anderen gibt es aber auch unterschiedliche ethische Vorstellungen, etwa in der Bewertung der Homosexualität.

Ökumenischer Rat der Kirchen

Seit 1965 gibt es eine »Gemeinsame Arbeitsgruppe« von ÖRK und Heiligem Stuhl, die sich

Die katholische Kirche ist nicht Mitglied des ÖRK, arbeitet aber eng mit diesem zusammen. Es sind vor allem zwei Gründe, weshalb sich der Vatikan gegen eine Mitgliedschaft entschieden hat. Zum einen lehnt es die katholische Kirche ab, über Glaubensfragen mit Mehrheitsentscheidungen abzustimmen. Neben diesem theologischen Grund gibt es auch einen organisatorischen. Die Stimmenverteilung im ÖRK erfolgt nach der Zahl der Gläubigen, die eine Kirche vertritt. Die derzeit rund 340 im ÖRK organisierten christlichen Kirchen und Gemeinschaften vertreten rund 590 Millionen Gläubige. Die katholische Kirche alleine vertritt rund 1,1 Milliarden Gläubige. Bei einer vollen Mitgliedschaft würde der Vatikan den ÖRK dominieren.

jährlich trifft. Die katholische Kirche ist auch Mitglied in der Kommission »Glaube und Kirchenverfassung« des ÖRK. Während sich die gemeinsame Arbeitsgruppe eher um die Abstimmung gemeinsamer Interessen gegenüber Dritten beschäftigt, geht es in der Kommission um die theologische Diskussion über die Einheit der Kirchen. Aktuell steht die Frage im Zentrum der Beratungen, wie denn die Einheit der Kirchen aussehen soll. Denn darüber besteht unter den christlichen Konfessionen keine gemeinsame Vorstellung. Das haben die Diskussionen der jüngsten Vergangenheit gezeigt.

»Der Papst will einen Gottesstaat«

Wie der Vatikan Politik macht

»Wie viele Divisionen hat der Papst?«, fragte Stalin spöttisch, als er von der Opposition des Pontifex gegen seine Politik hörte. Streng genommen hat er seit dem Ende des Kirchenstaats keine mehr, und doch waren die »päpstlichen Divisionen« entscheidend beteiligt am Niedergang des Kommunismus in den 1990er Jahren.

Die Divisionen des Papstes

Papst Benedikt XVI. wird nicht müde zu betonen, dass die Kirche keine Politik mache. Trotzdem mischt er sich in die politische Diskussion ein, wenn er unverhandelbare Werte des christlichen Glaubens bedroht sieht. Dazu gehören der Schutz des Lebens und der Familie, der Einsatz für Frieden und Gerechtigkeit sowie, unter Benedikt XVI. immer deutlicher, auch die Bewahrung der Schöpfung. Zu den wichtigsten politischen Zielen des Heiligen Stuhls gehören die rechtliche Absicherung der örtlichen Gemeinden in den verschiedenen Ländern und die Durchsetzung der Religionsfreiheit. Aber der Pontifex redet nicht nur über politische und soziale Themen, sondern er handelt auch. Denn der Heilige Stuhl ist eine gewichtige Größe in der internationalen Politik. Über seine diplomatischen Vertretungen verfügt er über Informationsquellen rund um den Globus. Die Kirchenstrukturen mit ihren Pfarreien und Ordensniederlassungen bis in die entlegensten Winkel der Erde ergänzen dieses engmaschige Netz. Die

Politische Ziele

Bischöfe reichen bei den ad-Limina-Besuchen umfangreiche Berichte über die Situation in ihren Ländern ein. Damit ist der Vatikan oft besser über Vorgänge in einzelnen Regionen der Welt informiert als andere Staaten. Umgekehrt nimmt er über diese Strukturen auch Einfluss.

Wege der Politik

Der Papst versucht auf ganz verschiedenen Wegen, Politik zu machen. Zunächst einmal baut er darauf, dass sich die Katholiken an seinen Aussagen etwa zu Ehe und Familie orientieren und sich in ihrem jeweiligen Umfeld entsprechend engagieren. Besondere Verantwortung sieht er bei katholischen Politikern. Er erwartet, dass sie die Vorgaben des Lehramts möglichst unverkürzt in Realpolitik umsetzen. Da dies aber oft nicht gelingt und es viele Situationen gibt, in denen katholische oder allgemein christliche Politiker keinen Einfluss haben, spielt der Heilige Stuhl die gesamte Klaviatur seiner politischen Einflussmöglichkeiten. Über die Nuntiaturen beobachtet er genau die gesellschaftlichen und politischen Entwicklungen in den einzelnen Ländern. Zusammen mit den örtlichen Bischöfen versucht er zum Beispiel, auf Gesetzgebungsprozesse einzuwirken. Das konnte man in den vergangenen Jahren sehr deutlich an der Diskussion um gesetzliche Regelungen für gleichgeschlechtliche Partnerschaften sehen. Durch die Vorhaben in vielen europäischen Ländern wie Frankreich, Deutschland, Spanien und Italien alarmiert, setzte der Heilige Stuhl bei Begegnungen mit Politikern aus den entsprechenden Ländern das Thema auf die Agenda der Gespräche.

Weltweit besuchen 42 Millionen Schüler die 250 000 katholischen Schulen, gibt es 4700 katholische Bischöfe, 400 000 Priester und 780 000 Ordensfrauen. Dazu kommen rund 2,8 Millionen Katecheten. Der Papst kann zwar keinen direkten Einfluss auf sie alle ausüben; doch hat das Beispiel der Wende im Osten gezeigt: Der Papst unterstützt sie moralisch, und wenn es sein muss, auch organisatorisch und finanziell. Dabei bilden die lokalen Kirchen meist das Rückgrat für das vatikanische Handeln. So finanzierte der Vatikan über Jahre die Arbeiterbewegung in Polen. Ohne diese Hilfe wäre ihr Kampf für Gerechtigkeit und Freiheit sicher anders verlaufen.

Die Macht des Papstes liegt vor allem in seiner moralischen Autorität. Das wurde etwa am Beispiel des zweiten Irakkriegs deutlich. In den Wochen vor dem Einmarsch der alliierten Truppen gaben sich hochrangige Politiker im Apostolischen Palast förmlich die Klinke in die Hand: der deutsche Außenminister Joschka Fischer, der irakische Vizepremier Tarik Aziz, UN-Generalsekretär Kofi Annan, der britische Premierminister und engste Bush-Verbündete Tony Blair, Spaniens Ministerpräsident Jose Maria Aznar und Italiens Regierungschef Silvio Berlusconi. Die Kriegsbefürworter versuchten Johannes Paul II. von ihrer Position zu überzeugen, denn der Papst war zur Symbolfigur der Kriegsgegner geworden. Sie wussten um seinen Einfluss auf die öffentliche Meinung weltweit. Johannes Paul II. än-

Moralische Autorität

derte seinen Standpunkt nicht und versuchte damit zu verhindern, dass in der arabischen Welt der Eindruck eines Kampfs des christlichen Westens gegen den Islam entstehen könnte.

Macht der Diplomatie Eine solche geräuschvolle Einmischung des Vatikans in die internationale Politik kommt eher selten vor. Seine Stärke liegt gerade in der diskreten, nichtöffentlichen Diplomatie. Dafür schätzen ihn die Staaten. Durch die hervorragende Vernetzung des Heiligen Stuhls über die kirchlichen Strukturen in aller Welt ist er ein wichtiger Umschlagplatz für Informationen. Mit der Aufnahme der diplomatischen Beziehungen zu den Vereinigten Arabischen Emiraten im Sommer 2007 unterhält der Heilige Stuhl (nicht der Vatikanstaat) diplomatische Beziehungen zu 176 Staaten, dazu kommen die Europäische Union und der Souveräne Malteserorden. Sonderbeziehungen bestehen zur Russischen Föderation und zur Palästinensischen Befreiungsbewegung PLO.

Mitglied internationaler Organisationen Der Heilige Stuhl ist bei zahlreichen internationalen Organisationen vertreten. Meist ist er dabei nicht Vollmitglied, sondern hat einen Beobachterstatus. Die offizielle Begründung ist, dass er damit seine strikte Neutralität zum Ausdruck bringen wolle. Das gilt etwa für die Ständigen Beobachter bei den Vereinten Nationen und ihren verschiedenen Unterorganisationen wie der UNESCO und der Welternährungsorganisation (FAO). Auch bei der Europäischen Union und der Afrikanischen Union ist der Heilige Stuhl durch Ständige Vertreter präsent. Beim Flüchtlingskommissariat der Vereinten Nationen (UNHCR) und der Internationalen Atomenergiebehörde ist der Heilige Stuhl sogar Mitglied. In vielen Ländern, mit denen der Vatikan diplomatische Beziehungen hat, ist der Nuntius gemäß einer Vereinbarung des Wiener Kongresses von 1815 auch Doyen des Diplomatischen Korps. Damit wird unter anderem ein Rangstreit unter den Vertretern der Nationalstaaten verhindert.

Die Volksrepublik China hat seit der kommunistischen Machtübernahme keine offiziellen Beziehungen zum Heiligen Stuhl. Lange herrschte Eiszeit in den Beziehungen zwischen dem Vatikan und Peking. Erst mit einem Brief Papst Benedikt XVI. im Frühsommer 2007 scheint Bewegung in die festgefahrene Situation gekommen zu sein. Der Heilige Stuhl strebt eine Normalisierung der Beziehungen an. Großer Streitpunkt ist – neben der Forderung Chinas an den Vatikan, seine diplomatischen Beziehungen zu Taiwan abzubrechen – die Ernennung der Bischöfe. Rom besteht auf dem Recht, diese frei vornehmen zu können; China sieht das als Einmischung in seine inneren Angelegenheiten. Über geheime Kanäle, die über Nuntiaturen in verschiedenen Ländern bestehen, sind die beiden Parteien in Kontakt. Im Jahr 2007 wurden die meisten Bischofsernennungen, die das Religionsbüro der Regierung in China vornahm, mit dem Heiligen Stuhl über die nicht-offiziellen Wege abgesprochen. Die Aufnahme voller diplomatischer Beziehungen könnte in ein bis zwei Jahren erfolgen.

Beziehungen zu China

Zu den politischen Schwerpunkten des Pontifikats Benedikt XVI. gehören die Beziehungen zur islamischen Welt. Der vatikanische Außenminister Dominique Mamberti kündigte im Sommer 2007 an, dass der Heilige Stuhl seine Kontakte zu muslimischen Ländern ausbauen möchte. Die Begegnung des Papstes mit dem saudischen König Abdullah, dem Hüter der Heiligsten Stätten des Islam Mekka und Medina, im November 2007 war ein erster Schritt in diese Richtung.

Eher im Verborgenen laufen die politischen Bemühungen des Heiligen Stuhls im Nahen Osten. Er ist – zumindest, was das Heilige Land betrifft – hier sowohl mit konkreten eigenen Interessen als auch als Vermittler involviert. Dass ihm auch international eine wichtige Rolle beigemessen wird, zeigt die Einladung einer vatikanischen Delegation zur Friedenskonferenz von Annapolis Ende November 2007. Die politischen Optionen des Heiligen Stuhls sind dabei: der Schutz der Heiligen Stätten des Christentums, die friedliche Koexistenz zweier Staaten Israel und Palästina sowie die rechtliche Anerkennung der christlichen Minderheit in der Region, verbunden mit der Freiheit der Religionsausübung.

Um eine hohe Qualifikation des Personals im diplomatischen Dienst zu gewährleisten, unterhält der Heilige Stuhl seit über 300 Jahren eine eigene Päpstliche Diplomatenakademie. In einem zweijährigen Aufbaustudium bekommen die Priester ihr Rüstzeug für den Einsatz in den Nuntiaturen

und im Staatssekretariat. Neben Staats- und Völ-
kerrecht stehen die Geschichte der Diplomatie,
das Studium von Sprachen und des Kirchenrechts auf dem Studienplan. Die jungen Kleriker
üben, wie sie Reden zusammenfassen und inter-
pretieren und wie sie analytische Berichte über
die Situation eines Landes schreiben. Jedes Jahr
verlassen knapp ein Dutzend Diplomaten die
Akademie und beginnen ihren aktiven politischen Dienst im Auftrag des Papstes.

Im Vor- und Umfeld der vatikanischen Diplomatie gibt es eine Reihe weiterer kirchlicher Organisationen, die inoffiziell »Außenpolitik« in Abstimmung mit dem Heiligen Stuhl betreiben.
Neben den Orden sind das Gruppen wie die römische Basisgemeinschaft Sant'Egidio. Auf ihre
Vermittlung hin kam 1992 in Mosambik der Frie-
densschluss zwischen der kommunistischen Regierung und den Rebellen zustande, der einen
langen Bürgerkrieg beendete.

»Der Vatikan vertuscht seine dunkle Vergangenheit«

Wie der Vatikan mit seinen Archiven umgeht

Dunkle Seiten
der Kirchen-
geschichte

In der 2000-jährigen Geschichte der katholischen Kirche gibt es neben vielen positiven Entwicklungen auch Schattenseiten und dunkle Kapitel: Kreuzzüge, Inquisition und Hexenverfolgung sind die Stichworte im Mittelalter und in der Neuzeit. Die Rolle der katholischen Kirche in der NS-Zeit und ihr Verhältnis zu diktatorischen Regimen in Lateinamerika und Osteuropa sind Beispiele der jüngeren Vergangenheit. Mit Hilfe der Archive des Heiligen Stuhls, einer der umfangreichsten Dokumentensammlungen der Welt, könnte Licht gebracht werden in manches Dunkel der Kirchengeschichte. Doch nur zögerlich gewährt der Vatikan Einblick.

Archive
im Vatikan

Unter den vielen verschiedenen Dokumentationsstellen des Heiligen Stuhls sind vor allem drei von besonderer Bedeutung: das Vatikanische Geheimarchiv, das Archiv der Glaubenskongregation mit den Akten zu Inquisition und Index sowie das Archiv der Kongregation für die Evangelisierung der Völker. Hier befinden sich die Dokumente zur Missionsgeschichte der katholischen Kirche. Vor allem in den letzten Jahren ist der Vatikan bemüht, Forschern seine Quellen zugänglich zu machen. Papst Benedikt XVI. stellte im Jahr 2000, damals noch als Präfekt der Glaubenskongregation, mit Blick auf die Öffnung der Archive des Dikasteriums fest: »Nur die Wahrheit kann den Mythos richtigstellen, und nur die Wahrheit macht frei.«

Knapp 90 Kilometer Regale bieten Platz für die Dokumente aus über 800 Jahren Kirchengeschichte im Vatikanischen Geheimarchiv. Der Name »secretum – geheim« ist in diesem Fall gleichbedeutend mit »privat«. Seit dem 15. Jahrhundert wurde an weltlichen und kirchlichen Höfen für die Personen und Einrichtungen, die dem Herrscher nahe standen, die Bezeichnung »secretum« verwendet, analog zum »secretarius«, der Vertrauensperson eines Herrschers. Das Vatikanische Geheimarchiv ist also das Privatarchiv der Päpste. Es ist unter dem »Cortile della Pigna« auf zwei Etagen mit rund 4500 Quadratmetern Fläche untergebracht. Die Räume sind in Stahlbeton gegossen und mit modernster Sicherheitstechnik ausgestattet, um die kostbare Sammlung vor dem Verfall, aber auch vor Langfingern zu schützen. Gegründet wurde das »Archivio Segreto Vaticano« von Paul V., der darin 1612 verschiedene jahrhundertealte Dokumentensammlungen seiner Vorgänger zusammenführte. 1810 ließ Napoleon die Archivbestände

Vatikanisches Geheimarchiv

> Das älteste Dokument, das heute im Geheimarchiv lagert, ist eine Formelsammlung der päpstlichen Kanzlei aus dem 8. Jahrhundert. Zu den Schätzen gehören ein Brief des englischen Königs Heinrich VIII. mit der Bitte um Annullierung seiner Ehe und eine der größten Sammlungen von Goldsiegeln.

nach Paris bringen. Sie kehrten schon wenige Jahre später (1815–1817) wieder nach Rom zurück, allerdings mit großen Verlusten.

1881 öffnete Leo XIII. das Geheimarchiv für die wissenschaftliche Forschung. Die Dokumente bis zum Wiener Kongress (1815) waren Gelehrten aus aller Welt zugänglich. Die Verschlussfrist der vatikanischen Archive beträgt in der Regel 70 Jahre, wobei es üblich ist, dass immer ganze Pontifikate freigegeben werden. In der jüngeren Vergangenheit gab es allerdings eine Reihe von Ausnahmen. So öffnete Johannes Paul II. bereits im Februar 2002 die Teile des Archivs aus dem Pontifikat Pius XI. (1922–1939), die das Deutsche Reich betreffen. Sein Nachfolger Benedikt XVI. gab im September 2006 das komplette Pontifikat frei – drei Jahre vor Ablauf der 70-Jahres-Frist. Dem deutschen Pontifex ist an einer lückenlosen Aufarbeitung der jüngsten Vergangenheit der katholischen Kirche gelegen. Jedes Jahr forschen 1500 Wissenschaftler aus über 50 Nationen im Geheimarchiv.

Personalmangel Ein großes Problem bei der Öffnung von Beständen ist, dass das Archiv mit wenig Personal ausgestattet ist. Gleichzeitig müssen jedes Jahr große Mengen neuer Dokumente von allen Behörden des Heiligen Stuhls neu archiviert werden. Die Registrierung und Katalogisierung der Bestände verhinderte in der Vergangenheit oft den Zugang zu wichtigen Dokumenten. Allein für das 17-jährige Pontifikat Papst Pius XI. mussten rund hunderttausend Faszikel – von einzelnen Blättern, lose in Kartons aufbewahrt, bis hin zu Konvoluten von hundert Seiten – gesichtet, sortiert und registriert werden.

Weniger frequentiert, aber nicht weniger brisant ist das Archiv der Glaubenskongregation als Nachfolgebehörde der Heiligen Römischen und Universalen Inquisition, später Heiliges Offizium genannt, und der Indexkongregation. Das Archiv umfasst einen Zeitraum von 450 Jahren und ist kleiner als das Geheimarchiv. Hier lagern die Akten aus der Zeit der Ketzerverfolgung und der römischen Inquisition sowie die Dokumente zum »Index der verbotenen Bücher«. Ihr erster Katalog war 1559 unter Paul IV., der letzte 1948 mit rund 5000 Einträgen veröffentlicht worden. Offiziell wurde die schwarze Liste 1966 abgeschafft.

Archiv der Glaubens-kongregation

Das Archiv der Glaubenskongregation ist erst seit 1998 für die wissenschaftliche Forschung geöffnet. Nach Aussage des damals zuständigen Präfekten, Kardinal Joseph Ratzinger, hatte dies praktische und inhaltliche Gründe: Die Dokumente waren noch nicht vollständig katalogisiert und es mussten erst Arbeitsplätze für die Forscher eingerichtet werden. Darüber hinaus verzögerte auch ein inhaltlicher Vorbehalt die Öffnung des Archivs der Glaubenskongregation: Dort lagern Akten, die sich mit moralischen Verfehlungen von Klerikern beschäftigen, die also in den Intimbereich und mitunter in den Bereich der Beichte hineinreichen; um die betreffenden Personen zu schützen, mussten die Akten vor der Veröffentlichung komplett gesichtet werden. Die Zeitgrenze für die Öffnung der Archive der Glaubenskongre-

Öffnung des Archivs

gation liegt derzeit bei 1922. Dazu kommen einige ausgewählte Akten aus der Zeit bis 1939.

**Streitfall
Pius XII.** Für die Zeit nach 1939 sind bisher alle vatikanischen Archive für Forscher geschlossen. Es ist daher nicht möglich, die Haltung des Vatikans in der Zeit des Zweiten Weltkriegs abschließend zu bewerten. Die Diskussion macht sich vor allem an der Person Eugenio Pacellis fest, der in den Jahren 1917 bis 1929 Nuntius in Deutschland war und von 1939 bis 1958 als Papst Pius XII. die Geschicke der katholischen Kirche lenkte. Er war maßgeblich am Zustandekommen des Reichskonkordats 1933 und der Enzyklika »Mit brennender Sorge« beteiligt, mit der sein Amtsvorgänger Pius XI. 1937 das Naziregime scharf verurteilte. Die Wahl Pacellis zum Papst im März 1939 wurde in den USA, England und Frankreich begrüßt, in Deutschland scharf kritisiert, da Pacelli als Kritiker der Nationalsozialisten galt. Doch wie ist die Rolle Pius XII. wirklich zu bewerten?

**»Der Stell-
vertreter«** Gerade um diese Frage ist seit dem Theaterstück »Der Stellvertreter« von Rolf Hochhuth aus dem Jahr 1963 eine heftige Diskussion entbrannt. Hochhuth und mit ihm weitere Kritiker der katholischen Kirche wie John Cornwell werfen Papst Pius XII. vor, nicht ausreichend öffentlich gegen den Holocaust und das nationalsozialistische Terrorregime protestiert zu haben. Die Verteidiger Pius XII. führen eine ganze Reihe solcher öffentlichen kritischen Äußerungen des Pontifex an, wie etwa die Weihnachtsansprachen 1941 und 1942. Sie geben zu bedenken, dass Pa-

celli befürchtete, nach einer zu deutlichen öffentlichen Verurteilung des Nationalsozialismus könnte die Verfolgung der Juden und der Kirche noch zunehmen. Die niederländischen Bischöfe hatten gegen die Deportation der Juden protestiert, woraufhin 1942 die Machthaber gezielt Juden, die zum katholischen Glauben übergetreten waren, wie die Heilige Edith Stein, inhaftierten und in die Konzentrationslager deportierten. Warum Pius XII. die Vorarbeiten seines Vorgängers für eine Enzyklika, in der Antisemitismus und Rassismus verurteilt werden sollten, nicht fortsetzte, ist bisher nicht bekannt. Die Entscheidung könnte aber auch in Pacellis strikter Neutralitätspolitik ihren Grund haben.

Nach Ansicht des Münsteraner Kirchenhistorikers Hubert Wolf haben vor allem zwei Erfahrungen Pius XII. entscheidend geprägt und zu seiner Haltung während des Zweiten Weltkriegs geführt. So habe er während seiner Zeit in Deutschland das »Kulturkampf-Trauma« der deutschen Katholiken wahrgenommen und einen ähnlichen Konflikt verhindern wollen. Zudem habe ihm noch das Scheitern der päpstlichen Friedensinitiative von 1917 in den Knochen gesteckt. Damals hatte Benedikt XV. Pacelli als Sondergesandten nach Deutschland geschickt, um zwischen den Parteien des Ersten Weltkriegs zu vermitteln; seine Mission war erfolglos geblieben.

Während der deutschen Besatzungszeit in Rom ordnete Pius XII. an, Juden in kirchlichen Einrichtungen und Ordenshäusern zu verstecken. Allein im Vatikan und auf dem Territorium der päpstlichen Sommerresidenz in Castel Gandolfo wurden mehrere Hundert, manche Quellen sprechen sogar von mehreren Tausend Juden versteckt. Bisher ist von rund hundert Konventen und über fünfzig Pfarreien Roms bekannt, dass sie jüdischen Bürgern Unterschlupf gaben. Noch während des Krieges und auch in der Zeit danach, bis zum Erscheinen des Hochhuth-Stückes, gab es viele positive Stimmen jüdischer Vertreter zum Verhalten Pius XII. während des Krieges. Zu seinem Tod ist von der damaligen israelischen Außenministerin Golda Meir der Satz überliefert: »Die Stimme des Papstes war während der Nazizeit klar, und er verteidigte die Opfer.« Ob und welche Anweisungen Pius XII. zur Rettung der Juden gegeben hat, kann nur eine Öffnung der Archive klären. Dann kommt vielleicht auch Licht ins Dunkel, was die Hilfe vatikanischer Stellen bei der Flucht von Nationalsozialisten nach Südamerika anbetrifft.

Die Vatikanarchive können vor allem Licht in die internen Vorgänge bringen. Was den Kontakt des Heiligen Stuhls oder der Nuntiaturen zu staatlichen Stellen anbetrifft, sind diese Aktivitäten bereits weitestgehend öffentlich zugänglich über die jeweiligen staatlichen Archive. Denn zu jedem offiziellen Vorgang gibt es sowohl beim Absender als auch beim Empfänger eine Kopie des Vorgangs. Daher sind auch bei der weiteren Öffnung der Archive keine spektakulären Neuentdeckungen zu erwarten.

Anhang

Glossar

Alte Kirche: bezeichnet die ersten Jahrhunderte der Kirchengeschichte (bis zum 5./6. Jahrhundert).

Ad-Limina-Besuch: regelmäßiger Pflichtbesuch der Ortsbischöfe
(i. d. R. alle fünf Jahre) »an der Schwelle« (den Gräbern) der
Apostel Petrus und Paulus – »ad limina Apostolorum«. Zur
Vorbereitung erstellen die Bischöfe einen detaillierten Bericht
über die Situation in ihrem Bistum. In Rom führen sie
Gespräche mit dem Papst und in den einzelnen Dikasterien.

Camerlengo: (ital. Kämmerer) stellt den Tod des Papstes fest und
übernimmt während der Sedisvakanz den Vorsitz der Sonder-
kongregation (Camerlengo und drei durch Los bestimmte
Kardinal-Assistenten), die die ordentlichen Geschäfte der Kirche führt; ohne Jurisdiktionsgewalt

Dikasterium: Behörde des Heiligen Stuhls, die den Papst bei der
Leitung der Weltkirche unterstützt

Extraterritorial: Gebäude und Grundstücke, die außerhalb des
Staats der Vatikanstadt liegen, aber vatikanisches Hoheitsgebiet
sind

Heiliger Stuhl: Bezeichnung für den Papst allein oder zusammen
mit der Kurie, die ihn bei der Leitung der Weltkirche unterstützt bzw. in seinem Namen handelt. Der Heilige Stuhl ist in
der Person des Papstes ein unabhängiges nichtstaatliches
Völkerrechtssubjekt.

Kardinal: Ehrentitel, der vom Papst verliehen wird. Kardinäle sind
nach dem Papst die höchsten Würdenträger in der katholischen Kirche. Sie gehören zu den engsten Beratern des Papstes,
den die Kardinäle wählen. Es gibt drei Klassen: Kardinal-
bischöfe, Kardinalpriester und Kardinaldiakone.

Kardinalprotodiakon: der dienstälteste und damit ranghöchste unter den Kardinaldiakonen. Er verkündet nach Ende des Konklaves den Namen des neuen Papstes von der Mittelloggia des Petersdoms mit den berühmten Worten:»Habemus papam ...«

Kathedra Petri: Bezeichnung 1. für den Bischofsstuhl (lat. cathedra) des Nachfolgers des Apostels Petrus, des Papstamts im kirchenrechtlichen Sinn; 2. des liturgischen Sitzes des Papstes in den vier Papstbasiliken in Rom (Lateran, St. Peter, St. Paul vor den Mauern, Santa Maria Maggiore); 3. des liturgischen Fests am 22. Februar; 4. eines dem Apostel Petrus zugeschriebenen Stuhls, der in der Apsis des Petersdoms in ein Bronzemonument eingearbeitet ist

Kirchenstaat: weltlich-politisches Herrschaftsgebiet des Papstes vom 8. Jahrhundert bis 1870

Konklave: Bezeichnung für den Ort, an dem die Kardinäle den Papst wählen. Dieser ist »cum clave – mit dem Schlüssel« hermetisch von der Außenwelt abgeschirmt.

Konkordat: Staatskirchenvertrag zwischen einem Staat und dem Vatikan.

Lateranverträge: Verträge zwischen Italien und dem Heiligen Stuhl vom 11.2.1929: Staatsvertrag zur Gründung des Staats der Vatikanstadt, Finanzabkommen über Entschädigungszahlungen und Konkordat

Nuntius: ständiger Vertreter des Heiligen Stuhls bei der Regierung eines Staates. Sein Amtssitz ist die Nuntiatur.

Ökumenischer Rat der Kirchen: Der ÖRK mit Sitz in Genf ist die wohl umfassendste ökumenische Organisation weltweit mit mehr als 340 christlichen Kirchen, Denominationen und kirchlichen Gemeinschaften als Mitglieder. Dazu gehören die meisten orthodoxen Kirchen, die aus der Reformation hervorgegangenen Kirchen – darunter Lutheraner, Reformierte, Baptisten und Methodisten, die Anglikaner sowie unierte und unabhängige christliche Kirchen.

Pontifex Maximus: bezeichnet ursprünglich den obersten Wächter des altrömischen Götterkults. Der Titel geht später auf den römischen Kaiser, nach Ende des Weströmischen Reichs auf den Papst über. Hier wird in der Regel die Wendung »Summus Pontifex« verwendet, um die höchste Autorität auszudrücken, die der Papst in der Kirche hat; gelegentlich auch »Romanus Pontifex«, um die Bindung an die Ortskirche von Rom zu zeigen, oder nur »Pontifex« (lat. Brückenbauer).

Sedisvakanz: Zeit, in der der römische Bischofsstuhl nicht besetzt ist; beginnt mit dem Tod, Rücktritt oder der völligen Behinderung des Papstes und endet mit der Annahme der Wahl durch den neuen Papst im Konklave

Tiara: Papstkrone, ab dem 4. Jahrhundert die außerliturgische Kopfbedeckung der Päpste; dreistufig als Ausdruck der drei Gewalten des Papstes: Lehren, Leiten und Heiligen. Papst Paul VI. legte 1963 die Tiara ab. Papst Benedikt XVI. verwendete sie auch nicht mehr im Papstwappen. Im Wappen des Heiligen Stuhls ist sie weiter enthalten.

Vatikanisches Konzil: Versammlung aller Bischöfe der katholischen Kirche im Vatikan. Das I. Vatikanische Konzil fand 1869–1870 statt, das II. Vatikanische Konzil in drei Sitzungsperioden 1962–1965.

Vatikanstaat: durch die Lateranverträge entstandener Stadtstaat in Form einer absoluten Monarchie; unabhängiges Völkerrechtssubjekt

Ausgewählte Literatur

Denzler, Georg: Das Papsttum. Geschichte und Gegenwart. Beck München 2004[2].

Johannes Paul II.: Universi Dominici Gregis. Über die Vakanz des Apostolischen Stuhls und die Wahl des Papstes von Rom. Vatikanstadt 1996.

Kaltefleiter, Werner / Oschwald, Hanspeter: Spione im Vatikan. Die Päpste im Visier der Geheimdienste. Pattloch München 2006.

Klausnitzer, Wolfgang: Der Primat des Bischofs von Rom. Entwicklung, Dogma, Ökumenische Zukunft. Herder Freiburg 2004.

Knopp, Guido: Vatikan. Die Macht der Päpste. Goldmann München 1998.

Marini, Piero: Sede Apostolica Vacante. Storia – legislazione – riti – luoghi e cose. Vatikanstadt 2005.

Mörschel, Tobias: Papsttum und Politik. Eine Institution zwischen geistlicher Gewalt und politischer Macht. Herder Freiburg 2007.

Re, Nicolo del: Vatikanlexikon. Pattloch Augsburg 1998.

Reese, Thomas: Im Innern des Vatikan. Politik und Organisation der katholischen Kirche. Fischer TB Frankfurt 2002[2]

Ring-Eifel, Ludwig: Weltmacht Vatikan. Päpste machen Politik. Droemer/Knaur 2006.

Rossi, Fabrizio: Der Vatikan. Politik und Organisation. Beck München 2005[3].

Sailer, Gudrun: Frauen im Vatikan. Begegnungen, Porträts, Bilder. Benno Leipzig 2007.

Steimer, Bruno: Lexikon der Päpste und des Papsttums (Lexikon für Theologie und Kirche kompakt). Herder Freiburg 2001.

Wolf, Hubert: Index. Der Vatikan und die verbotenen Bücher. Beck München 2007.

Die offiziellen Internetseiten

www.vatican.va
www.vaticanstate.va
www.radiovaticana.de

Übersichtsplan Vatikan

Der Vatikanstaat:

1 Sankt Peter
2 Petersplatz
3 Sixtinische Kapelle
4 Cortile di San Damaso
5 Apostolischer Palast
6 Schweizergarde
7 Porta Sant´Anna
8 Osservatore Romano
9 Belvedere Palast
10 Vatikanische Museen
11 Vatikanische Pinakothek

12 Vatikanische Bibliothek
13 Cortile della Pigna
14 Cortile del Belvedere
15 Casina Pius´IV. (Päpstliche Akademie der Wissenschaften)
16 Governatorat
17 Sendestation
18 Rota/Sitz der Gendarmerie
19 Sakristei
20 Campo Santo Teutonico
21 Audienzhalle
22 Palazzo Sant´Ufficio